SCIENCE ET RELIGION
Etudes pour le temps présent

L'HOMME ANIMAL
ET
L'HOMME SOCIAL
D'APRÈS L'ÉCOLE MATÉRIALISTE

PAR
C. de KIRWAN
Membre de la Société scientifique de Bruxelles
de la Société bibliographique
Associé de l'Académie delphinale, Correspondant de l'Académie
de Besançon
et de la Société centrale forestière de Belgique

DEUXIÈME ÉDITION

PARIS
LIBRAIRIE BLOUD ET BARRAL
B. BLOUD, SUCCESSEUR
4, RUE MADAME ET RUE DE RENNES, 59
1901

SCIENCE ET RELIGION

Études pour le temps présent. — Prix : 0 fr. 60 le vol.

— **Certitudes scientifiques et certitudes philosophiques,** par le R. P. de la Barre, S. J., prof. à l'Institut catholique de Paris. 1 vol.
— *Du même auteur :* **L'Ordre de la nature et le Miracle.** 1 vol.
— **L'Ame de l'homme,** par J. Guibert, supérieur du séminaire de l'Institut catholique de Paris. 1 vol.
— **Faut-il une religion ?** par l'abbé Guyot. 1 vol.
— *Du même auteur :* **Pourquoi y a-t-il des hommes qui ne professent aucune religion ?** 1 vol.
— **Nécessité scientifique de l'existence de Dieu,** par P. Courbet. 1 vol.
— *Du même auteur :* **Jésus-Christ est Dieu.** 1 vol.
id. **Convenance scientifique de l'Incarnation.** 1 vol.
— **Études sur la pluralité des mondes habités et le dogme de Incarnation,** par le R. P. Ortolan
I. — *L'Epanouissement de la vie organique à travers les plaines de l'infini.* 1 vol.
II. — *Soleils et terres célestes.* 1 vol.
III. — *Les Humanités astrales et l'Incarnation.* 1 vol.
— *Du même auteur :* **La Fausse Science contemporaine et les Mystères d'Outre-tombe.** 1 vol.
id. **Vie et Matière ou Matérialisme et spiritualisme en présence de la Cristallogénie.** 1 vol.
id. **Matérialistes et Musiciens.** 1 vol.
— **L'Au delà ou la Vie future d'après la foi et la science,** par l'abbé J. Laxenaire. 1 vol.
— **Le Mystère de l'Eucharistie. — Aperçu scientifique,** par l'abbé Constant. 1 vol.
— *Du même auteur :* **Le Mal,** sa nature, son origine, sa réparation. 1 vol.
— **L'Eglise catholique et les Protestants,** par G. Romain. 1 vol.
— *Du même auteur :* **L'Inquisition,** son rôle religieux, politique et social. 1 vol.
— **Mahomet et son œuvre,** par I. L. Gondal, professeur d'apologétique et d'histoire au séminaire Saint Sulpice. 1 vol.
— *Du même auteur :* **L'Eglise Russe** 1 vol.
— **Christianisme et Bouddhisme** (*Etudes orientales*), par l'abbé Thomas, vicaire général de Verdun. 2 vol.
— *Du même auteur :* **Dieu auteur de la vie.** 1 vol.
id. **La Fin du monde d'après la Foi.** 1 vol.
— **Où en est l'hypnotisme,** son histoire, sa nature et ses dangers, par A. Jeanniard du Dot, auteur du *Spiritisme dévoilé.* 1 vol.
— *Du même auteur :* **Où en est le Spiritisme.** 1 vol.
id. **L'Hypnotisme et la science catholique.** 1 vol.
id. **L'Hypnotisme transcendant en face de la philosophie chrétienne.** 1 vol

— **L'Apologétique historique au XIXe siècle. La Critique irréligieuse de Renan, etc.**, par l'abbé Ch. Denis. 1 vol.

— **Nature et Histoire de la liberté de conscience**, par l'abbé Canet. 1 vol.

— **L'Animal raisonnable et l'Animal tout court**, par C. de Kirwan. 1 vol.

— **La Conception catholique de l'Enfer**, par l'abbé Brémond. 1 vol.

— **L'Attitude du catholique devant la Science**, par G. Fonsegrive. 1 vol.

— *Du même auteur* : **Le Catholicisme et la Religion de l'Esprit.** 1 vol.

— **Du Doute à la Foi**, par le R. P. Tournebize, S. J. 1 vol.

— *Du même auteur* : **Opinions du jour sur les peines d'outre-tombe.** 1 vol.

— **La Synagogue moderne**, sa doctrine et son culte, par A. F. Saubin. 1 vol.

— *Du même auteur* : **Le Talmud et la Synagogue moderne.** 1 vol.

— **Evolution et Immutabilité de la doctrine religieuse dans l'Eglise**, par M. Prunier, supérieur de grand séminaire. 1 vol.

— **La Religion spirite**, son dogme, sa morale et ses pratiques, par I. Bertrand. 1 vol.

— *Du même auteur* : **L'Occultisme ancien et moderne.** 1 vol.

— **L'Hypnotisme franc et l'Hypnotisme vrai**, par le Docteur Hélot. 1 vol.

— **L'Eglise et le Travail manuel**, par l'abbé Sabatier. 1 vol.

— **Unité de l'espèce humaine**, *prouvée par la similarité des conceptions et des créations de l'homme*, p. le marquis de Nadaillac. 1 vo

— *Du même auteur* : **L'Homme et le Singe.** 2 vol.

— **Le Socialisme contemporain et la Propriété**, par M. G. Ardant. 1 vol.

— **Pourquoi le Roman à la mode est-il immoral et pourquoi le Roman moral n'est-il pas à la mode ?** p. G. d'Azambuja. 1 vol.

— **Comment se sont formés les Evangiles ?** par le P. Th. Calmes, professeur au grand séminaire de Rouen. 1 vol.

— **L'Impôt et les Théologiens**, *Etude philosophique, morale et économique*, par le comte de Vorges, ancien ministre plénipotentiaire, membre de l'Académie de Saint-Thomas, etc., etc. 1 vol.

— *Du même auteur* : **Les Ressorts de la Volonté et le libre arbitre.** 1 vol.

— **Nécessité mathémathique de l'existence de Dieu.** *Explications. — Opinions, Démonstrations*, par René de Clère. 1 vol.

— **Saint Thomas et la Question juive**, par Simon Deploige, professeur de l'Université Catholique de Louvain. 1 vol.

— **Premiers principes de Sociologie Catholique**, par l'abbé Naudet. 1 vol.

— **La Patrie.** — *Aperçu philosophique et historique*, par J. M. Villefranche. 1 vol.

— **Le Déluge de Noé et les races Prédiluviennes**, par C. de Kirwan. 2 vol.

— **La Saint-Barthélemy**, par Henri Hello. 1 vol.

— **L'Esprit et la Chair.** *Philosophie des macérations*, par Henr Lasserre, auteur de *Notre-Dame de Lourdes*, etc., etc. 1 vol

— **Le Levier d'Archimède ou la Mécanique céleste et le Céleste mécanicien**, p. le R. P. Ortolan. 2 vol.

— **Ce que le Christianisme a fait pour la femme**, par G. d'Azambuja. 1 vol.

— **L'Hypnotisme et la Stigmatisation**, par le Dr Imbert-Gourbeyre. 1 vol.

— **L'Education chrétienne de la Démocratie**, *essai d'apologétique sociale*, par Ch. Calippe. 1 vol.

— **La Religion catholique peut-elle être une science ?** par l'abbé G. Frémont. 1 vol.

— *Du même auteur :* **Que l'Orgueil de l'Esprit est le grand écueil de la Foi**. *Théodore Jouffroy, Lamennais, Ernest Renan*. 1 vol.

— **La Révélation devant la Raison**, par F. Verdier, supérieur de Grand Séminaire. 1 vol.

— **Confréries musulmanes**. — *Histoire, Discipline, Hiérarchie*, par le R. P. Petit. 1 vol.

— **Pratique de la Liberté de conscience dans nos Sociétés contemporaines**, par l'abbé Canet. 1 vol.

— **Comment peut finir l'Univers**, d'après la science, par C. de Kirwan. 1 vol.

— **Les Théories modernes de la Criminalité**, par le Docteur Delassus. 1 vol.

— **Faillite du Matérialisme**, par Pierre Courbet, 3 vol. *se vendant séparément :*

I. — *Historique*. 1 vol.
II. — *Discussion ; l'atome et le mouvement*. 1 vol.
III. — *Discussion ; l'éther, le gaz, l'attraction. Conclusion. — Appendice*. 1 vol.

— **Le Globe terrestre**, par A. de Lapparent, Membre de l'Institut, professeur à l'Ecole libre des Hautes Etudes, 3 vol. *se vendant séparément.*

I. — *La Formation de l'écorce terrestre*. 1 vol.
II. — *La nature des mouvements de l'écorce terrestre*. 1 vol.
III. — *La Destinée de la terre ferme et la Durée des temps*. 1 vol.

— **De la Connaissance du Beau**, *sa définition, application de cette définition aux beautés de la nature*, par l'abbé Gaborit, archiprêtre de la Cathédrale de Nantes. 1 vol.

— **Le Diable dans l'Hypnotisme**, par le docteur Ch. Hélot. 1 vol.

— **De la Prospérité comparée des nations protestantes et des nations catholiques**, *au point de vue économique, moral, social*, par le R. P. Flamérion, S. J. 1 vol.

— **L'Art et la Morale**, par le P. Sertillanges, dominicain, docteur en théologie. 1 vol.

— **La Sorcellerie**, par I. Bertrand. 1 vol.

— **Qu'est ce que l'Ecriture sainte ?** *Les Livres inspirés dans l'antiquité chrétienne : Théorie de l'inspiration*, p. le P. Th. Calmes. 1 vol.

— **Les Morts reviennent-ils ?** par I. Bertrand. 1 vol.

(*Demander la liste* **complète** *des volumes* **Science et Religion**, *parus à ce jour*).

ST-AMAND (CHER). — IMPRIMERIE DESTENAY, BUSSIÈRE FRÈRES

SCIENCE ET RELIGION

Etudes pour le temps présent

L'HOMME ANIMAL

ET

L'HOMME SOCIAL

D'APRÈS L'ÉCOLE MATÉRIALISTE

PAR

C. de KIRWAN

Membre de la Société scientifique de Bruxelles
de la Société bibliographique
Associé de l'Académie delphinale, Correspondant de l'Académie de Besançon
et de la Société centrale forestière de Belgique

PARIS
LIBRAIRIE BLOUD ET BARRAL
B. BLOUD, SUCCESSEUR
4, RUE MADAME ET RUE DE RENNES, 59
1901

L'HOMME ANIMAL & L'HOMME SOCIAL

INTRODUCTION

Il est passé à l'état de dogme, parmi les savants d'une certaine école, que l'homme est un peu animal, issu originairement, à travers une série indéfinie de transformations successives, d'une cellule organique primitive, née elle-même, on ne sait comment, du jeu des éléments inorganiques.

Un savant de mérite, M. Richet, a donné naguère, dans son *Essai de psychologie générale* (1), un résumé très bien fait de ces théories matérialistes. Celles-ci ont reçu plus récemment un certain renouveau d'éclat par la publication d'un nouvel écrit du fameux professeur d'Iéna, Ernest Hæckel, intitulé : *Etat actuel de nos connaissances sur l'origine de l'homme*, et traduit en français par un docile disciple du maître, le Dr Laloy (2). Facilement réfutée dans divers recueils périodiques, car les assertions y sont le plus souvent gratuites, cette doctrine n'en impose aux lecteurs superficiels ou prévenus que par l'audace des paradoxes et l'éclat d'affirmations tranchantes et d'allure aphoristique, mais que n'étaie aucune preuve digne de ce nom.

(1) Félix Alcan, Paris.
(2) Félix Alcan, Paris.

Nous ne citerons que pour mémoire *La Constitution du monde* (1) de la fameuse libre-penseuse Clémence Royer, lourd et indigeste ensemble où l'auteur met en jeu la stéréochimie, le thermodynamique, la géométrie analytique, le calcul infinitésimal, la cosmogonie, pour aboutir au matérialisme le plus absolu et y combattre, avec les accents du plus haineux parti pris, toute idée théiste, tout sentiment religieux.

Imbu, au fond, des mêmes idées, mais sans fiel et sans haine, généralement modéré dans l'expression, courtois envers les personnes, point sectaire en un mot, d'ailleurs anthropologiste distingué, M. le Dr Paul Topinard soutient de son côté la cause de l'homme animal. Il le fait, au surplus, d'après un plan plus vaste que celui du professeur Hæckel, envisageant l'homme non seulement au point de vue physiologique et individuel, mais à celui de la famille, de l'ethnologie et de toute organisation sociale.

Précisément parce qu'il est généralement exempt de passion et empreint d'une sincère bonne foi, ce dernier ouvrage se prête mieux à la discussion. Et comme il reflète assez bien, dans ses grandes lignes, l'ensemble des idées de la fraction honnête et courtoise de son école, il nous a paru pouvoir être pris comme type ou exemplaire des vues de celle-ci, en sorte que son analyse et sa réfutation impliqueraient celles de l'Ecole elle-même.

Le titre de cet ouvrage qui nous servira à combattre la thèse matérialiste, comprend deux parties. En tête : *Science et Foi* ; et comme titre second et principal : *L'Anthropologie et la science sociale* (2).

(1) 1900, Paris, Schleicher, gr. in-8° de XXII-800 p.
(2) Un vol. in-8° de x-578 p., 1900; Paris, Masson.

L'en-tête indique une étude comparée. En fait, dans les premières lignes comme dans celles de la fin, l'auteur signale quelques discussions que jadis il engagea sur ce sujet avec le regretté et savant Père Didon. Il nous paraît même nécessaire, pour permettre au lecteur de se rendre un compte exact de l'état d'esprit du savant anthropologiste, de reproduire *in extenso* sa conclusion finale.

« Autant nous avons parlé de Science, lit-on à la page 551, autant nous avons été réservé sur la Foi (1). Science et Foi sont deux termes qui s'excluent. La Science, c'est ouvrir les yeux le plus largement possible, chercher et finalement savoir ; la Foi, c'est fermer systématiquement les yeux et croire. La Science, c'est ne considérer les choses qu'objectivement, recueillir des observations *perpendendae et numerandae*, ne pas dépasser les généralisations et les inductions qu'elles comportent, éliminer le sentiment et les *à priori*, ne procéder qu'*à posteriori* par la raison et s'arrêter court lorsque les faits vous abandonnent en se réfugiant dans l'agnosticisme. La Foi est personnelle, subjective, relève de la sensibilité et de l'imagination telles que l'hérédité et l'éducation les ont constituées chez chacun, ou bien n'est qu'un acte d'obéissance aveugle. Les orateurs sacrés comme l'éminent Dominicain, le R. P. Didon, qui prétendent concilier les vérités établies par la Science et les croyances révélées par la Foi, ne font qu'ébranler celle-ci. Une Foi qui se discute, que l'on montre être conforme aux faits, cesse d'être une Foi,

(1) Point toujours si « réservé » notre auteur, quand il représente par exemple l'Église comme ayant abouti, après la chute de l'Empire romain, « à un despotisme effroyable qui dura des siècles jusqu'au schisme de Luther, opéré au nom du *droit* d'examen, etc. » (p. 258). C'est là un jugement aussi violent qu'injuste et faux, et qui prouve que l'auteur n'a étudié l'histoire de l'Église que chez ses plus passionnés adversaires. Ce n'est pas là, assurément, l'appréciation d'un esprit impartial et indépendant ; et sur ce point on aurait pu espérer, chez M. Topinard, moins de passion et plus de justice.

On peut parfaitement soutenir qu'il y a des articles de Foi nécessaires, aujourd'hui encore, au bonheur de l'humanité. Nous acceptons volontiers que certains de nos principes sociaux doivent passer à l'état de dogmes. On peut soutenir que certaines doctrines philosophiques sont plus particulièrement capables d'étayer ces articles. Nous admirons les sages qui se donnent pour tâche de propager ces doctrines. Mais à une condition : c'est qu'il n'y ait aucun malentendu sur les motifs de nos concessions. Nous sommes en matière sociale *utilitaire*. La Science et la Foi sont antagonistes, ce sont deux pôles contraires. »

Nous aurons évidemment à revenir sur cette suite d'assertions et à les discuter une à une. Mais dès à présent une première remarque s'impose. Puisque le représentant de l'Ecole matérialiste établit, sinon dans les détails du moins dans l'esprit général et l'ensemble de son ouvrage, un parallèle, une vue comparée entre la Science et la Foi, et puisqu'il personnifie en quelque sorte la cause de celle-ci dans le philosophe et le théologien qu'était feu le P. Didon, on peut tout d'abord se demander si, de part et d'autre, la compétence est égale ; si, pour qualifier, spécifier, définir la Foi et les choses de la Foi, M. Paul Topinard s'est, au préalable, suffisamment renseigné, et s'il est bien sûr d'avoir une connaissance, je ne dirai pas approfondie, mais simplement élémentaire de ce dont il parle.

Il est assurément permis de ne point partager toutes les opinions de l'illustre Dominicain en des matières aussi contingentes, par exemple, que la pédagogie et la politique. Mais en matière de science de la « Foi », ce qui implique *philosophie* et *théologie*, on conviendra qu'un Religieux d'une valeur intellectuelle incontestée et dont toute la carrière sacerdotale a été employée à étudier, approfondir et exposer ces deux branches de la connaissance, fasse autorité avant les assertions tranchantes et gratuites d'un savant qui, quelle que soit l'étendue de son savoir spécial, ignore la seconde, la *théologie* qui expose et définit la Foi, les objets de la Foi, et n'a acquis sur la première, la *philosophie*, science des idées et des causes, une certaine érudition, qu'avec l'esprit systématique et dans les vues intéressées ou préconçues des auteurs de seconde main, ou tout au moins d'une seule école, qu'il a consultés (1).

Ces remarques préliminaires posées, nous allons tâcher d'analyser consciencieusement les parties les plus essentielles du savant écrit de M. Topinard; après quoi, nous les discuterons.

(1) Comme en fait foi le chapitre ou paragraphe de sa Troisième Partie dans lequel il refait à sa façon, sous le titre de *Philosophie*, l'histoire de la philosophie et du christianisme.

PREMIÈRE PARTIE

Exposé

CHAPITRE PREMIER

L'ANIMALITÉ ABSOLUE DE L'HOMME

L'idée première, essentielle, la base sur laquelle est édifiée toute la théorie de l'auteur, est avant tout un *à priori*, ou plutôt une série de ces *à priori* signalés par lui comme incompatibles avec toute science digne de ce nom (1). Cette idée première, cet *apriorisme*, c'est l'hypothèse transformiste, ou *évo-*

(1) Si l'on voulait déjà chicaner l'auteur sur ce point de détail, on pourrait lui opposer les sciences de déduction, le vaste ensemble des sciences mathématiques par exemple, qui reposent tout entières sur un petit nombre d'*axiomes*, c'est-à-dire de propositions intuitives qui sont évidentes par elles-mêmes et comme telles s'imposent à l'esprit. La logique elle-même sans laquelle aucune science, même de pure observation, ne saurait s'édifier, repose sur certains *à priori*, tels que les principes d'identité et de contradiction, ou que cette proposition : « Pas d'effets sans causes, etc. ». Il est prudent, surtout quand on émet des aphorismes ayant la prétention de s'imposer, de ne pas généraliser outre mesure les données sur lesquelles on a l'intention de s'appuyer.

lutionniste (pour employer le vocable moins précis qui semble avoir prévalu), non pas sous la forme réservée et les limites dans lesquelles doit se renfermer toute hypothèse scientifique digne de ce nom, mais au contraire dans tout ce qu'elle a de plus hasardé, de plus universel, de plus absolu, c'est-à-dire la vie naissant *spontanément* du règne inorganique et la nature humaine n'étant autre que la nature animale un peu plus développée. Pour lui, le monisme haeckelien, dans son principe tout au moins, sinon dans tout le détail des applications, semble au-dessus de toute contestation. S'il ne le pose pas explicitement, c'est sans doute que pour lui c'est chose acceptée sans réplique possible, une base scientifique désormais acquise.

Il s'agit donc d'abord d'envisager l'homme en tant qu'animal avant de l'étudier comme être social, ce qui est compris dans la science de l'Anthropologie. Car celle-ci, « entendue dans son sens large, dit avec raison d'ailleurs notre auteur, comprend tout ce que comporte l'étude de l'homme à tous les points de vue ». Nous verrons dans la suite de cette étude, qu'il est un de ces points de vue, et non le moindre, que l'Ecole veut absolument ignorer.

Donc, pour l'école matérialiste, l'homme est un animal et n'est qu'un animal, et le véritable anthropologiste n'est qu'un naturaliste ; car l'Anthropologie, entendue au sens restreint, « embrasse tout ce que comporte l'histoire naturelle d'un animal quelconque et n'a de particulier que l'étendue excessive que prennent certains de ses chapitres », comme ceux qui traitent des connaissances propres au médecin, ou qui appartiennent au domaine spécial de l'Anthropologie, telles que l'étude des races, et celle de l'espèce humaine avec ses caractères particuliers et sa place dans la classification zoologique.

C'est ce dernier côté de la question qu'envisage d'abord notre auteur ; et, s'occupant d'établir la place de l'animal Homme dans la classification des animaux, il explique comment et pourquoi l'Homme est d'abord un Vertébré, puis un Mammifère, puis un Primate, en établissant les points de comparaison avec les caractères communs à l'Embranchement, à la Classe et à l'Ordre. Dans ce dernier, qui comprend les Lémuriens et les diverses familles de Singes, il s'agit de savoir quel rang l'Homme occupe parmi eux. On y parvient en tenant compte des différences morphologiques, anatomiques et de genre de vie qui les séparent. Il y a, à cette occasion et au point de vue morphologique et anatomique, une suite de descriptions sommaires mais assez remarquables, précisément parce qu'elles sont sommaires, l'auteur ayant su, tout en se montrant concis, être cependant complet. On aime à relever, à propos de la forme des organes, des réflexions comme celle-ci :

« On a dit que l'homme seul possède une main véritable et que, grâce à elle, il peut seul fabriquer des outils. C'est une erreur. Ce qui a permis à nos ancêtres préhistoriques de fabriquer les haches de Saint-Acheul, puis de découvrir le clivage par contre-coup et le retouchage, c'est moins la main que l'intelligence qui la guide (p. 15).

On ne saurait mieux dire. De même, à propos des caractères craniologiques, M. Topinard constate que, à côté des types Lémurien et Singe (Anthropoïdes compris), il existe un troisième type *sui generis*, le type Homme, lequel est seul dans sa famille et dans son genre et qui, par là, se trouve séparé, « par un abîme que rien ne comble », de tous les Singes.

L'homme forme ainsi, dans l'ordre des Primates,

un premier sous-ordre, les *Hominiens* (sic), le surplus de l'ordre contenant un deuxième et un troisième sous-ordre, savoir : celui des Singes qui se partage en quatre familles et enfin, au degré inférieur, celui des Lémuriens.

Malgré l'abîme « que rien ne comble » qui sépare l'Homme de tous les Singes, comme la distance la plus faible entre lui et eux est entre lui et les Anthropoïdes ; comme, d'autre part, il est admis qu'une forme animale a plus de « probabilité » de dériver de celle qui en est la plus rapprochée, « nous devons conclure que l'homme est descendu de ceux-ci, *non de ceux que nous connaissons, mais d'un type analogue* » (p. 20).

Pour quel motif est-ce « non de ceux que nous connaissons, mais d'un type analogue » ? L'auteur ne nous le dit pas explicitement ; mais de ses études sur la dentition des Primates, il « conclurait volontiers »,..... « 3° que le type des Pithéciens a engendré le type commun des Anthropoïdes et de l'Homme ». Et il ajoute immédiatement :

« En tout cas *il est absolument certain* (sic) que l'Homme descend des Primates qui l'ont précédé, et que l'Homme que nous connaissons ressemble aux Anthropoïdes plus qu'à tout autre Singe (p. 21). »

Mais il faut de plus tenir compte des caractères physiologiques et « psychologiques » communs aux animaux et à l'Homme, celui-ci ayant les mêmes fonctions à peine modifiées, les mêmes besoins, les mêmes sentiments, désirs et mobiles, les mêmes facultés quoique beaucoup plus développées ; et, d'autre part, les animaux révélant les phénomènes d'attention, de curiosité, d'observation, de perception du rapport de cause à effet, la mémoire et « une foule d'idées » (*sic*) auxquelles manque seule la formule. Le sagace auteur va même jusqu'à reconnaître, chez les Singes, « l'esprit d'examen, la sympathie et l'antipathie, le besoin de parler (?), d'écouter et d'être écouté, de jouer, de vivre en société, etc. » (p. 22).

Après quoi notre savant pose, comme impliquant une réponse affirmative non douteuse, cette surprenante question. ou mieux cette série de questions :

« Y a-t-il lieu de s'étonner que l'un de ces animaux, ayant acquis, à force d'efforts, le langage articulé qui aide à fixer les souvenirs et les idées et simplifie les opérations, soit progressivement devenu plus précis dans ses raisonnements, plus réfléchi dans ses volontés, plus conscient de lui-même, plus inventif pour satisfaire ses besoins journaliers ; qu'il se soit créé des besoins propres nouveaux, psychiques même, et que peu à peu il se soit élevé jusqu'au sens esthétique, à l'esprit philosophique, à l'amour de la vérité (pp. 22-23) ? ».

Tant et si bien que des caractères morphologiques comme des caractères « psychologiques » communs aux animaux et à l'Homme, il résulte que celui-ci n'est pas un être à part dans la nature, qu'il ne diffère des animaux supérieurs que par un degré un peu plus élevé, étant parvenu à un plus haut stade d'évolution ; qu'il est un animal au même titre que tout autre Vertébré, Mammifère et Primate, rien qu'un animal, « l'animal raisonnable d'Aristote et de Linnée, l'animal fabricant d'outils de Franklin ».

L'*animal raisonnable* d'Aristote, observerons-nous, est aussi l'animal raisonnable de saint Thomas et de toute la philosophie traditionnelle, que les tenants du matérialisme affectent dédaigneusement de se vanter de ne pas connaître. Il est vrai qu'Aristote, l'École scolastique de Linnée lui-même faisaient de la raison un attribut spécial de l'homme et ne l'appliquaient point aux animaux. Nous reviendrons, comme bien on pense, sur ce sujet.

Continuons notre analyse.

L'organe encéphalique par lequel l'espèce zoologique Homme ou *hominienne* se trouve avoir été favorisée par l'évolution, offre ses premiers rudiments chez les Poissons, se développe chez les Oiseaux, se perfectionne de plus en plus chez les Mammifères, du fait de cette évolution de mieux en mieux dirigée, et prend un essor qui atteint chez l'Homme le plus haut degré de développement. Mais, ajoute l'auteur, « le lot échu à l'Homme, cette bonne chance dont l'acquisition du langage fut l'adjuvant, ne lui ôte rien de son animalité ». Suit une série d'assertions sur l'arbre des millions de fois séculaire qui a pris naissance avec les Monères, a étendu sa tige et ses branches dans toutes les directions et dont l'Homme fait partie intégrante ni plus ni moins que n'importe lequel des autres rameaux de cet arbre immense ; — sur les lois de la matière vivante, à savoir : expansion ou prolifération, variation spontanée amenant avec la loi de réaction sous les stimulants externes et internes la multiplication indéfinie des formes, loi d'adaptation des organes aux milieux et aux conditions d'existence ; — sur le développement du Moi animal (*sic*) et de son individualité, laquelle comprend deux êtres : « l'un intelligent, qui raisonne, veut et est le fruit de sa propre éducation, l'autre qui est le produit d'habitudes prises par les ancêtres, répétées et confirmées par l'accumulation héréditaire » ; — sur le centre de réflexion chez les Vertébrés, lequel est « dans la moelle ou son prolongement intra-cérébral » (1).

(1) *L'anthropologie et la science sociale*, p. 27.

Notre anthropologiste termine son exposé de l'animalité de l'Homme par ce dialogue qu'il aurait eu avec un professeur d'université catholique, dont il s'abstient de donner le nom. Il s'agit du transformisme :

« — Cette doctrine ne trouble en rien, disait ce professeur, les enseignements de l'Église ; nous vous abandonnons le corps, mais laissez-nous l'âme.

» — Soit, mais comment entendez-vous l'âme ? L'acceptez-vous chez les animaux ?

» — Oui, fit le professeur, mais une âme moins développée. »

Et notre auteur d'ajouter, parlant de son interlocuteur : « C'était un homme supérieur » (1).

Loin de nous la pensée de jeter le moindre doute sur la sincérité du rapporteur de cette conversation. Mais il nous est permis de penser que, sous l'empire de son idée dominante, il l'aura inconsciemment interprétée d'une manière inexacte. Il paraît bien peu vraisemblable qu'un professeur d'université catholique, qui, comme tel, ne doit point être étranger à une saine philosophie, n'ait établi qu'une différence de plus ou moins de développement entre l'âme animale et l'âme humaine. Sa dernière réponse a dû être mal comprise, comme nous l'expliquerons plus loin.

(1) *Loc. cit.*, p. 29.

CHAPITRE II

L'ORIGINE PROTOPLASMISME DU MOI ET DE LA FAMILLE

Après nous avoir montré comme quoi l'homme n'est qu'un pur animal, il s'agit de nous introduire à l'étude de l'homme social. Et cette introduction — l'homme n'étant qu'un animal au même titre que n'importe quel autre Vertébré mammifère ou même Invertébré — c'est dans les mœurs, instincts et agissements des animaux qu'il faut la trouver. Beaucoup d'espèces se réunissent en des groupes qui sont des sociétés encore à l'état de nature, mais offrant l'image rudimentaire des sociétés chez l'homme, — les « étapes » les plus élevées auxquelles sont parvenues les premières, les mettant à peu de distance des plus inférieures des secondes.

Ce point de départ, ce germe primordial des sociétés humaines, l'Ecole en voit comme le simulacre dans le protoplasme représentant la plus simple expression de la vie, autrement dit, dans la cellule protoplasmique dont toute l'activité se réduit à ces deux termes : vivre pendant une certaine durée et se reproduire indéfiniment semblable à elle-même, n'étant guère d'ailleurs « qu'un corps inorganique jouissant de propriétés spéciales qui tiennent à sa composition » (1), mais se soumettant aux excita-

(1) *Loc. cit.*, p. 33.

tions variées qu'il rencontre, prenant des habitudes, bref, s'adaptant aux conditions qui lui sont faites, doué, autrement dit, d' « adaptabilité ».

La force vitale que contient ce « corps inorganique » provient de l'énergie engendrée par l'oxydation du protoplasme ; son activité, cause intermittente de déperdition de cette énergie, résulte de l'excitabilité ; son intégrité, son accroissement sont le fruit du renouvellement nutritif, et quand cet accroissement a atteint une certaine limite, s'accomplit la reproduction. Celle-ci, grâce à l'adaptabilité, secondée d'ailleurs par la plasticité du protoplasme, par les variations légères pouvant l'engager dans une voie quelconque, et par la transmissibilité des particularités nouvelles, fait naître des individus semblables à l'individu reproducteur tel qu'il est au moment de cette reproduction. Cette transmission par hérédité, de même que la variabilité de l'individu pendant sa vie, sont des propriétés primitives ; et d'elles résulte la plus générale des propriétés primitives, à savoir celle de se différencier et de donner des formes nouvelles de plus en plus variées, autrement dit, d'*évoluer*.

Jusqu'ici le lecteur peut se demander comment ces propriétés de la cellule protoplasmique représentent le simulacre et comme le germe primordial de l'Homme social. Nous allons y arriver.

On sait qu'aux plus bas degrés de l'échelle zoologique, les *plastides*, organismes unicellulaires, se rassemblent dans certains cas, s'associent les uns aux autres pour former des êtres complexes et dont la vie commune résulte de l'ensemble des vies partielles de chacun de ces êtres élémentaires ; lesquelles vies partielles sont comme perdues dans la vie de l'ensemble. Cette association élémentaire, c'est le *méride* (suivant l'appellation adoptée par M. Edmond Perrier) dont l'*Hydre*, polype très simple composé de cellules groupées en colonie individualisée, serait un exemple.

Quand les jeunes, issus de ce « méride », vont se fixer ailleurs, adhèrent entre eux tout en se différenciant, et se solidarisent au point de devenir un organisme unique, on a un degré de colonie déjà plus élevé et que le même savant appelle *zoïde*. Les *Vers* articulés, c'est-à-dire composés de plusieurs segments nés d'un méride initial, sont des colonies individualisées de mérides ; ce sont des zoïdes.

Mais les zoïdes, à leur tour, peuvent s'agréger les uns aux autres, subissant des adaptations soit réciproques soit provenant des circonstances extérieures, des fusions, des atrophies, des chevauchements d'organes, d'où résultent la solidarité et l'harmonie. Ils donnent ainsi naissance à une colonie d'un degré plus élevé que les deux précédentes, dénommée *dême* par M. le professeur Perrier. Or, tous les Vertébrés et même les Invertébrés supérieurs, à partir probablement des Arthropodes ou Articulés, constituent ces colonies du troisième degré ou *dêmes*.

Une image moins indirecte et plus aisément reconnaissable de l'Homme social, nous est donnée par la « famille animale ». Mais pour bien saisir cette analogue de la famille humaine, il faut se rendre compte de l'origine et du développement du Moi *dans l'échelle zoologique* (je parle sérieusement et exprime très sincèrement les idées qu'on nous oppos[illegible]squ'à son épanouissement dans le Moi h[illegible] (1), ainsi que de l' « Évolution de la repro[illegible]n ».

[illegible]) Dans la quatrième partie de son travail, et à l'occa-

Partout où se discerne une apparence, si obscure soit-elle, d'intention, de mémoire ou de volonté, cela suffit à nos adversaires pour attribuer une personnalité, autrement un Moi, à l'être qui manifeste ces phénomènes. Si, dit-on, « l'on reconnaît aux êtres unicellulaires la qualité d'individu, et ceci ne peut être l'objet d'aucun doute, il est difficile de leur refuser le sens correspondant. »

On voit parlà que, pour notre contradicteur, *individu*, *individualité*, sont synonymes de *personne*, *personnalité ;* et cette confusion est une des raisons qui expliquent l'étrange application du Moi, attribut exclusif de l'être doué de raison, à l'animalité et jusque dans ses membres les plus infimes. Mais ceci est de la discussion sur laquelle notre intention n'est pas de nous étendre pour le moment.

Poursuivons.

Le Moi, chez les êtres inférieurs, est déterminé seulement par la sensibilité. Tant que l'évolution n'a pas fait progresser le système nerveux jusqu'à donner naissance aux hémisphères cérébraux — et

sion de ce qu'il appelle le *Moi social,* l'auteur que nous analysons définit ainsi le *Moi humain :*

« Le cerveau étant considéré comme un vaste ganglion où s'élaborent les actes suscités par les impressions qui y parviennent, les sensations ou les idées qui s'y éveillent ou réveillent, le *Moi* est une des propriétés de ce ganglion analogue à d'autres qui y existent parallèlement, telles que l'irradiabilité des incitants conduisant à l'associabilité, la mémoire, l'auto-observation, le déterminisme, etc., l'une ou l'autre de ces propriétés ou facultés intervenant peu, beaucoup ou pas du tout... » (p. 452, *ad not.*).

Voilà cependant jusqu'à quel degré de non-sens et de complication incompréhensible, le parti pris, l'idée préconçue, l'apriorisme — cet apriorisme dont on se défend si fort — peuvent faire descendre un homme éclairé, intelligent, sincère et d'un savoir incontestablement varié et approfondi.

ce progrès ne s'accomplit que dans l'embranchement des Vertébrés — le *Moi* ne s'élève pas jusqu'à la pensée. Les ganglions, la moelle remplissent les mêmes fonctions d'individualisation ; mais les animaux ganglionnaires reflètent seulement des impressions, ils ne pensent pas.

Au contraire, dès qu'apparaissent les hémisphères cérébraux qui sont « l'organe de la pensée », celle-ci apparaît elle-même. Bien rudimentaire est-elle sans doute chez les Lézards, les Crocodiles, les Poissons où elle commence à se manifester ; déjà élevée à un haut degré chez les Oiseaux et les Mammifères ; et enfin atteignant la sommité chez l'Homme, mais « toujours proportionnellement aux divers facteurs morphologiques dont elle est la résultante ».

C'est alors le « Moi central », le « Moi général », exclusivement représenté par les hémisphères, qui change quand il le veut, les volitions (1) des *Moi* ganglionnaires ou de ceux de la moelle.

De tout cela résulte que le *Moi* humain est le produit terminal d'une longue évolution. On y distingue quatre stades. Premièrement, celui des cellules solitaires des Protistes, où le *Moi* n'existe que virtuellement ; en second lieu, les *Moi* partiels des colonies non solidarisées (*mérides*) limités aux fonctions spéciales afférentes à chacun ; troisièmement, le *Moi* siégeant à l'état diffus dans les ganglions dominateurs des colonies solidarisées et ne donnant qu'un vague sentiment de l'individualité générale (*zoïdes*) ; enfin le *Moi* des Vertébrés (*dèmes*), can-

(1) L'auteur dit : *les habitudes*. Mais comme il attribue la personnalité à ces divers organes, ces « habitudes » doivent logiquement correspondre à des actes de volonté.

tonné dans un organe surajouté où il évolue progressivement pour finir, au sommet de l'échelle, « par être le *Moi* puissant de l'Homme », comprenant les souvenirs du passé, le sentiment de son existence corporelle, « la notion même de ses facultés et de ses opérations intellectuelles : *Cogito, ergo sum* (1).

Et l'auteur d'ajouter : « Les animaux pourvus d'hémisphères seuls pensent ; l'Homme seul sait qu'il pense ». Si la première de ces deux propositions est plus que contestable, la seconde est indiscutablement vraie.

Elle signifie en réalité que l'Homme seul sait se rendre compte des phénomènes dont son âme est le siège, que seul il a pleine conscience de lui-même et que seul par conséquent il possède la véritable intelligence, la raison, laquelle ne procède ni de l'organisme ni de la sensibilité.

Oui, « l'Homme seul sait ce qu'il pense », parce que seul il pense véritablement en s'appuyant, il est vrai, sur les images formées dans le cerveau, mais pour arriver par l'abstraction et la généralisation à la notion de l'universel. Notre honorable adversaire ne croyait pas sans doute si bien dire, lui qui ne voit, dans les phénomènes psychiques, communs croit il à l'animalité et à l'Homme, que deux résultantes auxquelles il rattache tous les développements familiaux et sociaux de l'une et de l'autre, à savoir : « l'égoïsme » et « l'altruisme » : l'égoïsme consistant dans l'amour de soi et la recherche de ce qui regarde l'intérêt direct et bien compris de soi-même ; l'altruisme qui ne serait autre que l'attachement à autrui (dans une même espèce ou dans des espèces

(1) *Loc. cit.*, p. 48-49.

plus ou moins voisines) en vue de son propre bien à soi, de la satisfaction de son intérêt indirect par l'action d'autrui ou intérêt altruiste. On voit que cet altruisme n'est autre, en réalité, qu'une forme particulière de l'égoïsme.

Sous des noms nouveaux et avec une terminologie différente, cette doctrine de l'intérêt directement ou indirectement égoïste, nous paraît n'être rien moins que nouvelle et ressembler fort à ce que fut, dans l'antiquité, celle de Démocrite et d'Épicure. Il est vrai que ces philosophes ne l'appliquaient qu'à l'Homme, tandis que notre anthropologiste en fait la loi du règne animal tout entier où, de progrès en progrès et de par la vertu de l'évolution, elle aurait abouti à l'état social de nos races civilisées.

Peu de chose à dire de l'*Évolution de la reproduction,* si ce n'est que l'École y trouve la localisation graduelle de la « responsabilité principale » de cette reproduction (1), laquelle produit des jeunes en nombre d'autant moins grand que l'espèce, plus avancée dans la marche évolutive, est composée d'êtres plus forts, mieux conditionnés, plus parfaits.

Elle voit se dessiner l'organisation de la famille chez les premiers Vertébrés et étudie cette « famille animale » successivement chez les Poissons, les Reptiles, les Oiseaux et les Mammifères. Ces constitutions des « familles » se bornent, on le comprend, aux différents modes de rapprochements sexuels et de soins des jeunes jusqu'à la puberté, suivant que ces soins sont donnés par la mère ou le père seuls ou par tous deux, et aussi suivant que le mâle quitte plus ou moins promptement la femelle ou que,

(1) *Loc. cit.*, p. 61.

comme chez certains Cervidés, « il reste avec elle jusqu'à ce qu'il ait rempli tous ses devoirs » (1). Au point de vue de l'attachement, de la tendresse mutuelle et du dévouement aux petits, les Oiseaux — du moins certains Oiseaux — l'emportent sur les Mammifères ; mais, plus que ces derniers, ils se séparent rapidement les uns des autres et se deviennent réciproquement étrangers. C'est du reste la règle générale, comme le constate l'auteur : « Chez les Mammifères, dit-il, comme chez les Oiseaux, il n'y a en général, entre parents et enfants, survivance d'aucun sentiment : ils ne se connaissent pas (2) ».

Chez les uns et chez les autres la charge d'assurer le développement des jeunes est échue à la femelle, chez qui « des impulsions organiques et physiques se sont créées (*sic*) en vertu de l'utilité ». Si des impulsions analogues ont porté certains mâles à assumer une part du fardeau, chez la plupart des Mammifères « le mobile égoïste l'a emporté du côté du mâle sur le mobile altruiste », le mâle cherchant, dans « l'union conjugale », non plus une association altruiste en vue de la reproduction, mais la domination soit sur une seule femelle, comme chez les Carnassiers, soit, « par un écart de l'évolution », sur plusieurs comme chez les Ongulés et les Singes. En ce dernier cas, « la famille, au lieu de se limiter à une femelle et à un nombre raisonnable d'enfants que l'on peut élever et protéger, est un clan dont le mâle est le chef (3) ».

Ce n'est point toutefois dans ces sortes de clans

(1) *Loc. cit.*, p. 81.
(2) *Ibid.*, p. 90.
(3) *Ibid.*, p. 92.

que notre auteur place les tendances sociales de l'animalité, non plus que dans « l'intérêt individuel, l'égoïsme, cet « impératif catégorique » (1) qui met le *Moi* en demeure d'obéir de suite aux exigences physiques de l'organisme qu'il représente », comme il avait été d'abord porté à le croire. Car « ce n'est pas la logique qui détermine *le plus* les actes de l'animal, mais la spontanéité (1) ». Ces tendances à vivre en société proviennent de l'altruisme, lequel n'est autre que l'amour de soi-même par les autres, du besoin de ne pas être seul, d'avoir des compagnons, « d'échanger avec eux ses impressions », de donner et de recevoir de l'affection.

Ces sociétés animales ne doivent pas être mises sur le même pied que les colonies de *mérides* ou de *zoïdes* qui ne sont que des *agrégations* s'accroissant par gemmation, de telle sorte que quand elles se reproduisent par séparation d'une partie, le surplus périt : les sociétés véritables d'animaux sont des *associations* d'individus séparés ; elles s'accroissent par hypergenèse de ceux-ci, se reproduisent par essaims sans que l'association mère cesse de vivre.

Si certaines lois peuvent être communes aux unes et aux autres, c'est qu'il est des lois générales de la nature qui, sauf le mode d'application, régissent également les choses physiques et biologiques « et la sociologie ».

Mais *colonies* et *sociétés* parmi les animaux sont profondément distinctes.

(1) *Loc., cit.*, p. 127.

CHAPITRE III

L'ÉVOLUTION ANIMALO-HUMAINE ET L'ORGANISATION SOCIALE

D'après le contenu des pages qui précèdent, on comprend dans quel esprit, à quel point de vue ou « sous quel angle », comme on dit aujourd'hui, l'école matérialiste doit considérer l'*Homme social.*

Quatre caractères distinguent, suivant son représentant, l'Homme de « son ancêtre » anthropoïde. Deux de ces caractères sont physiques : « l'adaptation parfaite » à la station verticale et le développement plus grand du cerveau ; les deux autres, savoir la *parole* et la *raison*, sont « PHYSIOLOGIQUES ». La raison, un caractère physiologique ! Il faut être l'honorable M. Paul Topinard pour ne pas sourciller devant un aussi étrange accouplement de mots ; et quant à la parole, si elle a incontestablement un côté physiologique en tant qu'émission de sons articulés par le concours des organes vocaux, elle a, en tant qu'exprimant et communiquant des *idées*, c'est-à-dire des concepts et des perceptions de la raison, un côté nécessairement immatériel. C'est être non pas inexact mais incomplet de dire que la parole articulée est un caractère physiologique. Physiologique, il l'est assurément quant à sa manifestation extérieure ; mais il est en même temps et plus encore *rationnel :* il n'est possible que comme expression de l'intelligence, de la raison, laquelle a bien le cerveau pour organe, mais existe en dehors et au-dessus de lui comme nous l'établirons plus loin. Ajoutons, pour être juste, que notre auteur apporte un correctif à son insertion paradoxale : il n'emploie dit-il, le mot *raison* que pour se conformer à l'usage (?) ; car, « au début », elle ne méritait pas ce nom.

Ce « début » c'est l'état où était l'espèce animale « au sein de laquelle l'homme *primitif* a pris naissance ». Ce Primitif va un peu plus loin que le Singe qui se borne à casser une noix à l'aide d'un caillou ; il essaye, lui, de façonner le caillou pour le rendre plus propre à cet office. Déjà plus favorisé, il acquiert de l'expérience et en profite. Son cerveau plus développé *sécrète* sans doute une pensée un peu plus compréhensive ; il forme l'intermédiaire, la transition entre l'anthropoïde et l'Homme préhistorique. Il est vrai qu'aucun reste, aucun fossile ne s'en retrouve ; à plus forte raison aucun descendant du Primitif n'a survécu jusqu'à nos jours, et ce que nous possédons des cinq ou sept races soi-disant primordiales ne donne que « des probabilités induites des restes maniés et remaniés, mélangés et croisés qu'il nous est permis d'étudier et d'analyser actuellement (1) ».

Quoi qu'il en soit, c'est dans ces descendants des races préhistoriques arrêtées dans leur développement évolutif ou, plus probablement, retombées, par une action de dégénérescence régressive, dans le primitif état et représentées par nos sauvages actuels, qu'il faut étudier, à partir des plus dégradés, l'évolution graduelle et progressive de la famille, du clan, de la tribu, de la nation ; le tout exposé avec

(1) *Loc. cit.*, p. 150.

une abondance et un réalisme de détails d'ordre matériel qui ont une part importante assurément dans les phénomènes sociaux, mais auxquels l'École, par le fait même de son point de départ et de sa base hypothétique, accorde une prépondérance et un rôle exclusifs, et par suite faux. On arrive ainsi, appuyé tantôt sur le préhistorique, tantôt sur des inductions dressées par analogie avec ce qu'on observe dans le règne animal, tantôt enfin sur l'archéologie, l'ethnographie et l'histoire, à l'état social actuel dans lequel se rencontre une extrême complexité, avec « la tendance à remplacer, dans l'organisation des sociétés, la méthode empirique par la méthode rationnelle reposant sur la science » (1).

Mais l'évolution n'est pas toujours progressive ; elle est régressive dans beaucoup de cas, aussi bien chez l'animal parvenu à la pleine raison, c'est-à-dire chez l'Homme, que chez les animaux de stades moins avancés ; parmi eux on nous cite une foule d'exemples. C'est surtout dans la famille humaine qu'on relève la marche régressive, toujours en l'étudiant dans les peuplades sauvages actuellement existantes ou dans les faits de l'antiquité connus. Monogamie, polygamie, promiscuités fortuites, rien n'échappe à cet examen détaillé ; et le fameux fragment de crâne de Java entrant en scène à cette occasion, l'honorable anthropologiste en conclut que nous descendons du Gibbon, « non de ceux que nous connaissons mais de quelque autre ignoré et beaucoup plus grand (2) ».

Un type, non des plus dégradés, même originairement assez élevé, mais descendu à un degré

(1) *Loc. cit.*, p. 171.
(2) *Ibid.*, p. 173.

cependant très inférieur par suite des rigueurs du climat subies de génération en génération depuis un nombre considérable de siècles, est celui des Esquimaux : notre savant s'étonne que, par adaptation, et la régression continuant son œuvre, « il ne soit pas passé à l'état d'animal hibernant ».

L'examen des différents types sociaux (chasseur, pasteur, agriculteur, commercial, industriel, scientifique) conduit à la recherche des causes de l'évolution en cet ordre de phénomènes. Ces causes se résument dans le militarisme, la lutte des classes, les luttes individuelles, et dans les influences extérieures : population, milieu, circonstances, influence des personnes, de la race, des langues, des besoins — besoins physiques notamment, tels que ceux des animaux toujours pris comme base, puisqu'ils sont nos ancêtres, mais aussi besoins intellectuels, continuant l'évolution vers des stades plus élevés.

Ainsi le point de départ du militarisme réside dans l'individu, aussi bien chez l'Homme que chez l'animal. « La seule différence » entre eux, c'est que l'animal n'attaque, ne détruit, ne se repaît de sang que par nécessité, à peu d'exceptions près, « tandis que l'Homme ne met pas de bornes à ses appétits et combat pour son seul plaisir, avec la pleine conscience de ses actes » (1). Le militarisme a produit, dans l'antiquité, d'abord l'esclavage, cette plaie saignante à peine fermée aujourd'hui ; plus tard, le servage, les invasions des Barbares en Europe, les guerres du moyen âge, les croisades. Nos Etats européens sont tous sortis du « cataclysme » militariste. Les monarchies absolues avec leurs cortèges de vassaux et de sous-vassaux en sont issues (2). Suit

(1) *Loc. cit.*, p. 206.
(2) *Loc. cit.*, p. 209. Il y a là une erreur historique, une

un tableau, fort exact du reste, des calamités qu'entraîne avec elle la guerre, L'auteur énumère aussi tous les fléaux que, d'après lui, produit « l'odieux militarisme ». Ici est méconnue une distinction essentielle dans tout jugement qui veut être équitable, à savoir celle des conséquences inévitables d'une institution nécessaire et légitime — car, ainsi que le reconnaissent la droiture et l'équité de l'honorable représentant de l'école matérialiste, « une nation ne peut se laisser dévorer » — et l'*abus* qu'on peut en faire. Or, de quoi n'abuse-t-on pas, en ce monde? Il ne faut pas voir non plus dans toutes les guerres (*cause* et non *effet* du militarisme, l'auteur paraît l'oublier) uniquement la satisfaction de grossiers appétits. Certes, il est des guerres injustes et provoquées par de basses et sordides ambitions, notre époque, et plus particulièrement les dernières années du siècle qui vient de finir, en savent quelque chose ; mais il s'en est rencontré plus d'une fois, dans l'histoire du monde, et particulièrement dans l'Histoire de la France, dont le mobile

confusion entre les monarchies absolues et les monarchies féodales. Celles-ci n'étaient rien moins qu'absolues, ayant à compter avec les droits et les résistances des grands et petits feudataires, des communes, des corporations, etc. La monarchie, en France au moins, était si peu absolue au moyen âge que l'histoire de sa lutte contre la hiérarchie féodale n'est autre que l'histoire de la monarchie elle-même. Il est vrai que son succès dans cette lutte nécessaire ayant dépassé les justes limites, un temps est venu, préparé par Richelieu, où le roi absolu qui avait nom Louis le Grand était, en effet, entouré d'un « cortège de vassaux et de sous-vassaux », mais sans aucune action politique, le roi ayant accaparé celle-ci toute entre ses mains, et ne constituant plus dès lors qu'un luxe d'apparat plus onéreux qu'utile. En s'affranchissant de toute résistance et de tout contrôle, le trône perdit par là même ses appuis naturels et fut aisément renversé quand souffla la tempête révolutionnaire, laquelle n'était point « militariste ».

était une idée généreuse, voire un noble sentiment ; et une guerre qui, de nos jours, serait entreprise pour une cause juste, soit pour empêcher, par exemple, l'oppression d'un peuple inoffensif et faible par un peuple orgueilleux, accapareur et fort, ne saurait être confondue avec celle-là même qu'elle aurait pour mission de réprimer.

Des considérations analogues pourraient être envisagées en ce qui concerne les luttes des classes au sujet desquelles la partie modérée, honnête, non sectaire de l'Ecole semble d'ailleurs plus équitable et plus impartiale.

Nous laisserons de côté les développements concernant l'action, sur l'évolution de l'homme social, des circonstances extérieures et des besoins physiques, pour signaler rapidement ceux qui se rapportent aux « besoins intellectuels » et notamment à la philosophie ou plus exactement, à ce que nos adversaires comprennent sous ce nom. Ils estiment que « la philosophie est issue, comme la religion, de la croyance au surnaturel (*sic*) de l'Homme plus ou moins primitif ». L'esprit philosophique est d'ailleurs voisin de l'esprit qui a créé les arts et les lettres « par son caractère subjectif, par son imagination, par sa ferme croyance à la réalité de ses créations » (p. 267). D'où il suit logiquement, bien que cela ne soit pas exprimé, que tout ce qui est en dehors de l'ordre matériel tombe dans le surnaturel et n'est qu'une création subjective de l'esprit humain subordonnée au tempérament, lequel vous fait matérialiste, idéaliste, rationaliste ou empirique suivant telle disposition tantôt congénitale, tantôt acquise (1).

Qui ne voit l'erreur, la confusion et la méconnais-

(1) *Loc. cit.*, p. 259-260.

sance de tout un ordre de faits que révèle cette conséquence des doctrines matérialistes !

La philosophie, telle du moins que notre auteur pense l'avoir suivie dans son évolution historique, « est l'opposé de la science », intervenant là où celle-ci s'abstient et répondant au besoin qu'éprouve l'Homme d'expliquer les choses qui échappent à la compréhension de son esprit. Elle n'est au surplus que « l'expression du besoin cérébral qui pousse l'Homme à faire fonctionner ses facultés intellectuelles pour le seul plaisir de les exercer », et la preuve de l'évolution qui s'est opérée à partir du sauvage le plus inférieur (1). Peu à peu, elle s'aperçoit qu'il n'y a rien en dehors des faits matériels, mais ne parvient pas à secouer le joug de ses habitudes (2) ; et par son évolution décroissante, parallèle à la marche ascendante et toujours croissante des sciences, elle tend à perdre son individualité. En fait, elle n'a plus sa raison d'être aujourd'hui au moins en tant que philosophie générale. Il n'y a plus que des philosophies particulières aux diverses sciences, des philosophies naturelles. Toutefois, sur le terrain des sciences morales, la philosophie a encore un beau rôle à jouer.

Si la philosophie est ainsi traitée en elle-même, son histoire ne l'est pas mieux. Les mythologies des divers peuples de l'antiquité, au même rang et sur le même pied que le Christianisme lui-même, y figurent avec des données telles que les comprend l'auteur sur Socrate, les Sophistes, Platon, Aristote, la Scolastique du moyen âge, « ergotant sur les entités les plus subtiles » (3). Les méthodes se précisent avec

(1) *Loc. cit.*, p. 251.
(2) *Ibid.*, p. 256 et 267.
(3) *Ibid.*, p. 258.

Bacon, Descartes, « le nuage métaphysique qui surplombe est moins épais, il s'abaisse parfois et laisse çà et là, par instants, traverser la lumière » (1). Un courant continue Descartes « avec Pascal, Bossuet, Fénelon et Malebranche en France, avec *Spinoza et Liebnitz en Angleterre* (2). Un autre courant est représenté par Bacon, Hobbes, Locke, ce dernier initiateur de la philosophie « anticléricale, altruiste et sentimentale » du XVIIIe siècle représenté par Voltaire, Condillac, Montesquieu, Rousseau et Condorcet.

Quant à la philosophie du XIXe siècle, l'écrivain que nous combattons la résume tout entière, au moins en France, dans la doctrine d'Auguste Comte. A son estime, ce philosophe, aujourd'hui bien oublié, serait celui « dont l'influence s'est fait le plus sentir et se continue encore » (3).

Pour donner une idée de la manière dont notre anthropologiste comprend les auteurs et les doctrines qu'il cite, nous nous bornerons à deux exemples.

D'après lui, Aristote n'admet ni l'universel ni l'absolu, ni l'immortalité de l'âme individuelle (4).

(1) *Ibid.*, p. 260.

(2) TEXTUEL, p. 260. Il se peut que cette attribution à l'Angleterre du philosophe de Leipsick et de celui d'Amsterdam, résulte d'un *lapsus calumi*, ou tout au moins d'une distraction. Il est surprenant toutefois qu'une erreur aussi considérable n'ait pas frappé, lors de la correction des épreuves, l'auteur de *Science et foi — L'Anthropologie et la science sociale.*

(3) *Loc. cit.*, p. 264. Pour M. Topinard et les écrivains qui ont ses préférences, comme MM. Herbert, Spencer, Fouillée, Guyau, Renan, cette appréciation peut paraître exacte ; et encore ? Mais beaucoup d'autres pourraient à bon droit la contester. L'ancien positivisme d'A. comte est tout-à-fait démodé. Le positivisme en honneur aujourd'hui est celui de M. Ribot dont la doctrine, d'ailleurs tout aussi sophistique, est beaucoup plus habilement présentée.

(4) Quant à la spiritualité et à l'immortalité de l'âme,

Il conclut d'une conversation particulière qu'il a eue avec un certain M. Louis Rousselet, que le Christianisme est issu de l'Inde bouddhique pour les principes, « introduit en Judée par saint Jean-Baptiste, *le maître du Christ* » (sic), de l'Egypte pour les dogmes et les rites, et de la Grèce pour la philosophie (1).

Cette doctrine serait sans doute restée localisée dans la Judée et particulière aux Juifs si Paul, « un jeune fanatique, spontanément converti » peu après la lapidation d'Etienne, « n'eût transporté la doctrine *et la légende* (sic) chez les Gentils et ainsi fondé le le Christianisme ». C'est Plotin d'Alexandrie, « le Père des pères de l'Eglise » qui a, le premier, distingué en Dieu trois personnes ; Philon définit celles-ci comme trois degrés inégaux, mais le Concile

elles ressortent de toute la doctrine d'Aristote, bien qu'il n'en ait peut-être pas formulé lui-même la conclusion d'une manière suffisamment explicite. Voir à ce sujet : *Le Cerveau, l'Ame et ses facultés* de M. Albert FARGES ; Paris, Letouzey et Ané, 1890, pp. 393–394, *ad notam* et l'*Appendice*, pp. 417–419. — Voir aussi l'*Histoire de la philosophie* de M. Elie BLANC, t. I, n° 129, pp. 216 et 217 *ad notam*. Cet auteur ajoute que saint Thomas, de même que M. Farges, interprète Aristote dans le sens de la spiritualité et de l'immortalité de l'âme humaine, « et s'indigne même de l'interprétation contraire ». Lyon, Emmanuel Vitte, 1896. — Dire, d'autre part, qu'Aristote n'admet pas l'existence de l'universel et de l'absolu, c'est prendre le contrepied de la doctrine du philosophe de Stagire qui définit précisément l'intelligence comme étant la connaissance de l'universel.

(1) P. 257, *ad notam*. La prétendue origine hindoue du christianisme a été mise en avant pour la première fois, croyons-nous, par M. Eugène Burnouf et par M. Soury. Mais cette thèse ne supporte pas l'examen et n'est plus admise par aucun orientaliste sérieux. Quant à l'origine égyptienne des dogmes et des rites du christianisme et grecque de sa philosophie, à peine est-il besoin de donner un démenti à cette appréciation de pure fantaisie.

de Nicée, en 325, malgré les efforts d'Arius, « réforma » la Trinité en ces termes : « Un seul Dieu en trois personnes de valeur égale : le Père, qui a créé le monde *ex nihilo*, en vertu de sa propre volonté, le Fils et le Saint-Esprit (1). »

Et notre anthropologiste, improvisé historien de l'Eglise, termine son exposé par cette perle : « Le *ex nihilo* était un recul. »

Passons, pour ne pas trop allonger cette étude, sur les « besoins sensitifs », sur les évolutions de l'altruisme, de l'homme en société, de l'homme individuel, de la nature parallèlement à lui, de la « structure » de la société, etc., et bornons-nous à signaler quelques-unes des assertions dans lesquelles se complaît notre auteur.

A propos de la question de savoir si l'intelligence humaine n'a pas augmenté depuis les civilisations antiques, et si c'est seulement la somme des connaissances acquises qui s'est accrue dans une proportion d'ailleurs énorme, il raisonne ainsi :

L'intelligence est le *produit physiologique* de plusieurs facteurs *anatomiques*, notamment le volume du cerveau et les circonvolutions de son écorce. Très petit chez les premiers Mammifères, le cerveau grossit à travers les âges relativement à la masse du corps, notamment chez les Primates ; et tout à coup, « en passant des Anthropoïdes à l'Homme », il

(1) Il y a ici, de la part de l'auteur de *L'Anthropologie et la science sociale*, confusion et anachronisme. Après avoir affublé le fondateur du néo-platonisme du titre de Père de l'Eglise(!) il ajoute, p. 257 : « *Un peu plus tard*, Philon, le chef de la même école d'Alexandrie, formula la Trinité comme ceci.. » Or, Philon, qui avait essayé de concilier le mosaïsme avec la philosophie grecque, et avait fini par aboutir à la doctrine orientale de l'émanation, vivait plus de deux siècles avant Plotin : ce dernier florissait vers le milieu du IIIe siècle de notre ère.

acquiert un volume presque triple, et va en croissant des races les plus inférieures aux races plus avancées en évolution. Quand, maintenu par la boîte crânienne, il ne peut plus s'accroître en volume, le second facteur, celui des circonvolutions, entre en jeu. L'auteur toutefois ne se prononce pas sur la solution de la question ; mais ce qu'il était intéressant de noter, ce sont des assertions comme celle que l'intelligence est un produit physiologique et celles qui s'ensuivent.

En traitant de ce qu'il appelle la « structure » de la société, il rencontre le Judaïsme actuel qui constitue une individualité sociale, mais qui *n'est pas une race* ; il n'est qu'une « corporation religieuse fondée par Moïse, dispersée après la prise de Jérusalem et persistant à l'état d'infiltration au sein des sociétés » (1), mais ne constituant nullement une race distincte. Et la preuve d'une assertion aussi contraire au sentiment universel ? L'opinion individuelle de l'auteur appuyée sur une conversation particulière avec Renan ! De la part d'un auteur qui se pique de ne s'appuyer exclusivement que sur l'observation des faits, voilà un argument d'autorité qui, pensons-nous, ne convaincra personne. Ce qui caractérise le Juif contemporain, ce n'est pas sa religion qui le gène guère ; c'est le génie propre à sa race et sa tendance à la domination universelle.

Les droits et les devoirs sont des données de convention fondées sur les nécessités sociales. Dans l'état de nature, ils n'existent pas (2). Le bien n'est autre chose que ce qui procure directement ou indirectement à l'Homme un plaisir ou une série de

(1) *Loc. cit.*, p. 317.

(2) P. 342. A la page suivante, on dit au contraire qu'à l'état de nature, les droits de l'Homme sont illimités !

plaisirs dans l'ordre corporel ou cérébral (1).

« L'Homme, accepté par la philosophie classique et la religion, est en complète contradiction avec l'Homme réel enseigné par la physiologie et l'anthropologie. » La société telle qu'elle existe est en contradiction complète avec la société possible et nécessaire. L'Homme animal, tel qu'il était à l'état de nature et tel qu'il existe encore aujourd'hui, est en contradiction avec l'Homme social « tel qu'il devrait être ». « Les réalités subjectives de la science sont en contradiction avec les aspirations subjectives de l'Homme », et « la nature se rit de nos conceptions » (2).

Ces assertions et plusieurs autres du même genre sont comme la conclusion des développements que l'auteur a donnés dans la partie de son ouvrage intitulée : *L'homme social.*

Celle qui suit complète et termine l'ouvrage dont nous entreprenons de réfuter les théories matérialistes ; c'est un petit traité, d'économie sociale, sous ce titre : *La science sociale.* Il n'est pas nécessaire d'en parler longuement pour en faire connaître l'esprit et la base. Le lecteur est édifié à cet égard par l'analyse qui précède. Toutefois, sincère dans ses déductions, ses jugements et ses théories, honnête et loyal dans ses intentions, affranchi de l'esprit sectaire, l'auteur n'aboutit pas généralement à des conclusions subversives ; et si plusieurs de ses vues et de ses appréciations peuvent et doivent être contestées, il en est d'autres qui sont parfaitement acceptables.

Il envisage ici le rôle de l'Etat : ses fonctions es-

(1) *Loc. cit.*, p. 356.
(2) *Loc., cit.*, p. 370.

sentielles et obligatoires telles que, à l'extérieur, la défense militaire et économique, à l'intérieur la protection de la liberté et les services généraux ; ses fonctions facultatives dont il peut se dispenser quand des individus, associations ou corps sociaux y pourvoient, telles que l'assistance publique, le soin des infirmes, la surveillance des vagabonds, la protection de l'enfance, l'instruction primaire, l'éducation (à la façon dont peut l'entendre un philosophe matérialiste), la « transformation du *Moi animal* en *Moi social* » (chap. IV) ; l'étendue des pouvoirs de l'Etat, lequel doit se tenir aussi loin des doctrines collectivistes absorbant tout en lui que des tendances anarchistes remplaçant l'état social par l'état de nature — et qui trouve sa véritable mesure dans un sage opportunisme. Après quoi, l'auteur émet sur le suffrage universel et l'extrême difficulté d'arriver à en faire l'expression vraie des sentiments et de la volonté d'une nation, des réflexions fort sensées et fort judicieuses, encore qu'il soit — ce qui est d'ailleurs son droit — partisan du principe même de l''institution. Nous ne le suivrons pas dans ses développements sur les grands pouvoirs de l'Etat, la Commune, le Département, qui se rattachent beaucoup plus à l'économie politique qu'à la science proprement dite. Mais nous rappellerons la conclusion générale de l'ouvrage, conclusion dont nous avons reproduit textuellement la partie principale et essentielle au début de cette étude. Elle se résume en cette proposition finale, aussi fausse en soi que cent fois réfutée : « La Science et la Foi sont antagonistes, ce sont les deux pôles contraires » (1). Quelques pages auparavant, l'auteur

(1) *L. c.*, p. 552.

avait affirmé que la Foi est morte (1) ; ce n'est pas que cette assertion fût énoncée en manière de bravade ou de défi. Mais en se demandant, non sans une certaine anxiété, « vers quel cap la barque de l'évolution oriente sa proue », ce qui veut dire, en français ordinaire, vers quelles destinées nouvelles marchent les Sociétés contemporaines, il ajoute mélancoliquement : « Jadis la Foi plaçait le bonheur au delà et non sur la terre ; on se résignait. Elle est morte. Le doute est partout et sur tout, on remet tout en cause... » En lisant ce passage, on se reporte involontairement à ces vers d'Alfred de Musset :

> D'un siècle sans espoir naît un siècle sans crainte ;
> Les comètes du nôtre ont dépeuplé les cieux (2).

Mais, par bonheur pour l'humanité, pas plus que le pessimisme du poète, n'est fondée l'assertion de l'anthropologiste. Comme l'a brillamment démontré le regretté abbé de Broglie, ce que la Foi a pu perdre comme quantité d'adhérents, jusqu'à la fin du XIXe siècle, elle l'a gagné et au delà en qualité, en réflexion et en solidité (3).

Sans vouloir discuter ici ce sujet, nous nous bornerons, en opposition à une aussi grave affirmation, à signaler deux ordres de faits : d'une part l'hostilité, la haine et l'attaque acharnées, la persécution là où elle est possible, dont la Foi est l'objet de la part de ses ennemis, car on ne s'acharne pas contre ce qui est mort ; d'autre part, le zèle aussi admirable que

(1) P. 488.
(2) *Rolla*, chant Ier.
(3) *Le présent et l'avenir du catholicisme en France*, 1892. Paris, Plon et Nourrit.

désintéressé de nos missionnaires, de nos moines et de nos religieuses qui sacrifient carrière, santé, la vie elle-même pour aller porter cette Foi et avec elle la civilisation à de pauvres sauvages, pour soigner et panser les blessés et les malades dans les hôpitaux et sur les champs de bataille, pour instruire les enfants du peuple quand des lois iniques n'y mettent pas obstacle ; ce n'est pas là de l'*altruisme* ou « attachement à autrui en vue de son propre bien à soi » : car les souffrances, les privations, les persécutions, la mort elle-même et parfois dans les supplices, sont tout le profit qu'ils en attendent. Il y a là une foi essentiellement agissante : elle n'est donc pas morte.

DEUXIÈME PARTIE

Réfutation

CHAPITRE IV

LA FOI, LA SCIENCE ET LES SYSTÈMES

Nous voilà ramenés, par ces dernières réflexions, à ce qui est à proprement parler le but de cet opuscule, c'est-à-dire à la réfutation des idées et des théories matérialistes et de la prétendue opposition, du prétendu antagonisme, entre la Science et la Foi.

Pour suivre l'ordre adopté dans notre marche, reprenons les assertions émises par notre auteur comme conclusion générale et reproduites *in extenso* dans nos premières pages.

Science et Foi, y est-il dit, sont deux termes qui s'excluent. Et pourquoi ? Parce que la Science c'est ouvrir les yeux, chercher et finalement savoir, tandis que la Foi c'est fermer systématiquement les yeux et croire.

Il y a là presque autant d'erreurs que de mots. « Fermer systématiquement les yeux » n'a jamais été et ne sera jamais le critérium de la Foi. *Rationa-*

bile sit obsequium vestrum, a dit saint Paul (1) ; ce qui signifie : Que votre assentiment, votre adhésion à la Foi, soit fondé sur la raison. C'est sur des fondements de crédibilité que la Foi doit être assise, et ces fondements reposent sur les lumières de la raison seule. Sans doute la Foi propose un certain nombre de vérités qui surpassent notre entendement (2) ; mais l'homme sincère et sans parti pris trouve dans sa raison même tous les éléments nécessaires pour justifier rationnellement sa croyance à ces vérités. Il y a là un *droit* d'examen (3) que non seulement la Foi ne proscrit pas, mais qu'au contraire elle requiert volontiers. Il est vrai qu'elle ne l'impose pas indistinctement à tous. L'homme qui vit du travail de ses mains, la mère de famille occupée aux soins de ses enfants et de son ménage, n'ont ni le loisir ni les moyens de philosopher sur les vérités que la Foi leur ensigne ; il leur est donc permis de les accepter de confiance, tout comme ils acceptent de confiance aussi (et bien d'autres encore avec eux) les vérités d'ordre naturel et contingent que la Science a découvertes et vulgarisées. Mais l'homme instruit, la femme lettrée qui veulent se rendre compte de leur Foi, s'assurer des bases rationnelles sur lesquelles elle repose, ont toute latitude de le faire (4). L'Église

(1) *Epist. ad Rom.*, cap. XII, v. 1.

(2) Ces vérités-là et celles-là seulement sont de l'ordre surnaturel, contrairement à la pensée matérialiste qui englobe dans le surnaturel tout ce qui sort de l'ordre corporel et confond *surnaturel* avec *immatériel* (v. p. 29).

(3) Il ne faut pas confondre le droit d'examen avec ce qu'on a très improprement appelé le *libre examen* et qui est plutôt la licence d'un examen sans règle, sans contrôle et sans méthode.

(4) De même que l'homme du monde, d'esprit cultivé, peut ne pas se contenter d'accepter, sur la foi des savants

les y encourage et le leur conseille. Affirmer avec aplomb que « la Foi c'est fermer systématiquement les yeux », prouve que l'on ne se doute même pas de ce en quoi elle consiste et que l'on tranche superbement sur ce que l'on ignore.

Même jugement à exprimer sur cette autre assertion que « la Foi est personnelle, subjective, relève de la sensibilité et de l'imagination,... ou bien n'est qu'un acte d'obéissance aveugle ». N'est point personnelle, ni subjective une chose commune à une multitude de personnes. Prenons comme exemple la divinité du Christ. C'est sur la foi à cette vérité que repose tout le Christianisme : toutes les communautés chrétiennes ou du moins restées chrétiennes vivent sur elle ; et cette foi serait personnelle, subjective à chacun individuellement !

La Foi, estiment nos adversaires, relève de la sensibilité, de l'imagination... Qu'est-ce à dire ? La Foi s'adresse à l'âme humaine tout entière, laquelle est douée non seulement de sensibilité, mais aussi de volonté et d'intelligence : par l'intelligence elle en reconnaît la base rationnelle, c'est le *rationabile* ; par la volonté elle y adhère librement, c'est l'*obsequium*. Elle accomplit ainsi un acte d'obéissance, mais d'obéissance éclairée et libre, bien loin d'être aveugle.

Non, les « orateurs sacrés », comme d'ailleurs aussi les laïques instruits, » qui prétendent concilier les vérités établies par la Science avec les croyances

les vérités qu'ils ont découvertes, mais se livrer à un travail spécial pour en acquérir la démonstration, ou tout au moins la conception. C'est du reste l'infime minorité : la grande majorité des esprits acceptent de confiance ce que leur enseignent les savants originaux, voire les simples vulgarisateurs.

révélées par la Foi », n'ébranlent pas celle-ci : ils ne font que constater la réalité des choses. Et cette proposition : « Une Foi qui se discute, que l'on montre être conforme aux faits, cesse d'être une Foi », cette proposition contient une confusion et un non-sens. Une confusion, attendu que démontrer la convenance des objets de la Foi, leur non-opposition avec les faits *acquis* et *certains* de la science, c'est pratiquer avec preuves à l'appui le *rationabile obsequium* ; ce n'est pas discuter la Foi, c'est-à-dire mettre en question ses dogmes eux-mêmes. Il y a aussi un non-sens dans la proposition citée ; car il ne s'agit pas nécessairement de montrer que la Foi est conforme aux faits, il suffit d'établir qu'elle ne leur est point contraire et que si elle enseigne des réalités qui les dépassent et à plus forte raison ne peuvent tomber sous l'expérience, elle ne contredit jamais les faits je ne dis pas hypothétiques, mais dûment et scientifiquement constatés. Que si telle ou telle découverte de la science des assyriologues, par exemple, vient corroborer la vérité de certains textes de la Bible restés jusqu'alors improuvés, en quoi la Foi, comme on veut le prétendre, en serait-elle ébranlée ?

La Science et la Foi ont chacune un domaine propre et distinct ; mais ces deux domaines ont parfois des frontières communes, par conséquent des points de contact. Tant que la Science ou plutôt le savant se cantonne dans son domaine sans anticiper sur le domaine voisin, aucune opposition ne se manifeste ; elle n'éclate que quand le savant cesse de faire de la science proprement dite, pour se lancer, à l'aide d'hypothèses plus ou moins risquées, en tout cas extra-scientifiques, dans un ou plusieurs systèmes philosophiques ou censés tels, qui, eux, sont en opposition directe non seulement avec les vérités de la Foi, mais même le plus souvent avec des vérités rationnelles et de sens commun.

Ce n'est pas la *Science*, en ce cas, qui est en contradiction avec la Foi, mais bien un système hypothétique, philosophique si l'on veut, mais puisé dans l'imagination et dont aucun fait ne prouve la réalité.

Ne serait-ce pas un peu le cas de nos contradicteurs? — Examinons.

Il est clair qu'à leurs yeux l'univers s'est créé tout seul et que le germe tout au moins du monde inorganique existe par lui-même et de toute éternité. Si cela n'est pas dit explicitement, cela ressort de tout l'ensemble de l'ouvrage que nous avons pris pour type ; et puisque la proclamation de la création *ex nihilo*, y est considérée comme un *recul* (1), c'est donc que pour eux la doctrine d'Épicure, de Démocrite et de Leucippe, qui l'avaient probablement reçue de l'Inde (2), est une doctrine plus élevée, plus vraie par conséquent. Mais sur quelle preuve repose cette hypothèse? Est-ce sur l'observation? non, assurément. Sur le témoignagne? pas davantage, car personne ne pouvait en être témoin. C'est donc un pur produit de l'imagination, et nullement une base scientifique.

Voilà donc déjà un point de départ *à priori*, lequel se fonde sur une opinion puisée dans l'antiquité et sans aucune preuve à l'appui. Ce n'est pas là le véritable domaine de la Science.

Allons plus loin.

(1) *Loc. cit.*, p. 257.
(2) Cf. Mabilleau, *Hist. de la Philosophie atomist.*, liv. I. *Conclusion*, pp. 48 et 49 ; 1895, Imp. nation., Paris, Alcan.

L'Ecole matérialiste voit l'origine de la vie dans l'oxydation du protoplasme accompagnée d'excitabilité, de réflexibilité, de renouvellement nutritif, etc. (1). Mais d'abord comment s'est formé le protoplasme ou plutôt *les protoplasmes*, cette « catégorie de substances répandues dans toutes les parties des organismes de tous degrés, mais n'existant isolément que dans les Monères » ?

Admettons, ce qui est fort contestable et seulement affirmé mais nullement démontré, admettons que la force ou l'énergie vitale soit engendrée par l'oxydation du protoplasme. Encore faut-il que ce protoplasme existe. D'où provient-il ? Ce n'est pas répondre à cette question essentielle que de dire : « Le protoplasme n'est guère qu'un corps inorganique jouissant de propriétés spéciales tenant à sa composition. » S'il n'est *guère* qu'un corps inorganique, c'est qu'il est un peu plus apparemment, et s'il jouit de propriétés spéciales, il faudrait au moins faire connaître comment ces propriétés spéciales tiennent à sa composition.

Au fond, l'auteur s'appuie, sciemment ou non, sur la fameuse déclaration du professeur Haeckel : Les Monères primitives (autrement dit, le protoplasme élémentaire), « sont nées par génération spontanée comme les cristaux naissent dans les eaux mères. Il n'existe point, en effet, d'autre alternative pour expliquer l'origine de la vie. Qui ne croit pas à la génération spontanée admet le miracle. C'est une hypothèse nécessaire et qu'on ne saurait ruiner par des arguments *à priori* ni par des expériences de laboratoire (2) ».

(1) *L'Anthropologie et la science sociale*, p. 33.
(2) Discours prononcé à Paris, le 29 août 1878. Cité par M. Emile Ferrière, *Le Darwinisme*, dans la *Bibliothèque utile*. Paris, Alcan.

Réserve faite de l'acception du mot *miracle* qui est mal appliqué ici, voilà qui est caractéristique : assurément, qui ne croit pas à la génération spontanée, comprise dans le sens matérialiste, admet, sinon le miracle proprement dit, du moins le préternaturel ; et le professeur d'Iéna a raison de dire qu'il n'est point d'autre alternative. Mais, nous le demandons à tout lecteur impartial, est-il possible de faire plus naïvement — nous allions dire plus cyniquement — acte de parti pris antiscientifique ? Voilà, s'il en fut jamais, un postulat posé *à priori*, à l'encontre non seulement de tout autre raisonnement de principe, mais même en opposition hautement avouée avec l'observation et l'expérience, et cela, parce que la raison corroborée par une constatation essentiellement scientifique conduit à une notion qui contrarie un système !

Et c'est là cependant, qu'on le veuille ou non, la base fondamentale des théories matérialistes : la vie prenant naissance, sans cause spéciale, du concours fortuit des forces inorganiques. Pour un savant qui se targue de ne procéder qu'*à posteriori* par la raison et de s'arrêter court lorsque les faits l'abandonnent (1), on doit reconnaître qu'il n'est pas très conséquent avec lui-même.

Pour nous qui, sans proscrire partout et toujours le raisonnement *à priori*, entendons n'en faire usage qu'à bon escient et après avoir épuisé, là où elles sont de mise, les données de l'observation et de l'*à posteriori*, nous constatons que du monde inorganique au monde organique il y a un saut, un hiatus que nos adversaires se bornent à nier sans démonstration à l'appui de leur négation. L'être doué de vie,

(1) *L'Anthropologie*, p. 551.

fût-il réduit au plus infime protoplasme, n'a pu tirer ce principe de vie du règne inorganique qui ne le possède point ; et, en ceci, le raisonnement est d'accord avec l'observation scientifique, n'en déplaise à M. Hæckel. L'évolution transformiste, si elle existe, ce qui est après tout possible, n'a pu commencer qu'à la suite d'une impulsion extérieure, venue du dehors, c'est-à-dire étrangère au monde matériel ; ceci est une conséquence rigoureuse de l'observation des faits.

Il y a plusieurs degrés dans la vie. La vie sensitive et automobile, qui est celle de l'animal, est supérieure à la vie purement végétative qui est celle de la plante. Là encore, une impulsion extérieure est nécessaire. Enfin, la vie intellectuelle, consciente et raisonnable, dont nos savants matérialistes — par un enchaînement d'assertions qu'on aimerait à voir appuyées au moins de tentatives de preuves — s'efforcent de trouver le germe dans l'animalité même la plus inférieure, la vie intellectuelle et raisonnable est supérieure à la vie végétative et sensitive, comme nous le montrerons, et ne saurait y trouver son germe. Une intervention directe et spéciale d'un pouvoir extérieur y est également requise.

Nos savants antispiritualistes ne l'entendent pas ainsi. Pour eux, l'Homme est un animal, rien qu'un animal, dont le *Moi*, la conscience, la raison sont un peu plus développés que chez les représentants les plus élevés du sous-ordre des Singes dans l'ordre des Primates. Cela, on ne se donne pas la peine d'en tenter une démonstration ; c'est comme un dogme qu'il faut accepter sans discussion ; on ne se préoccupe pas du grand nombre d'esprit sérieux, cultivés qui pensent autrement et pour de bonnes raisons, non seulement chez les hommes de foi, mais aussi chez nombre de philosophes rationalistes, voire parmi des hommes de science pure et non des moindres.

D'aucuns pourraient trouver que c'est là un procédé plus cavalier que scientifique.

Quoi qu'il en soit, puisque l'Homme n'est pas autre chose qu'un animal, sa place dans la classification zoologique doit être déterminée par sa conformation comparée à celle des animaux différents dont il se rapproche le plus, soit, dans le sous-ordre des Singes, la famille des anthropoïdes. Nous avons vu que, par suite de cette étude comparée, M. Topinard trouve l'organisme humain séparé du type anthropoïde par un abîme infranchissable. Mais, comme le transformisme absolu et s'étendant à tout est pour lui une base intangible, et que d'après cela il *a dû* exister un type pythécien qui *a dû* engendrer le type commun des Anthropoïdes et de l'Homme, « il est absolument certain » (1) que l'Homme descend des Primates qui l'ont précédé. Et comment cela est-il certain, absolument certain ? On nous l'affirme et il nous faut le croire sur cette simple affirmation !... Voyons, sérieusement parlant, est-ce là de la science ? Ne serait-ce pas plutôt de la fantaisie et de très arbitraire fantaisie ?

Et que penser de cette autre suite d'informations : qu'un de ces Primates ou Singes hypothétiques aurait acquis, à force d'efforts, le langage articulé, base de ses perfectionnements ultérieurs, adjuvant d'une bonne chance dont il aurait profité : qu'il serait ainsi l'avant-dernière branche d'un arbre généalogique immense commençant à la Monère et finissant à l'Homme actuel ?... Autant d'assertions

(1) *L'Anthropologie et la science sociale*, p. 21.

gratuites, extra-scientifiques. On retrouve là le système d'Hæckel présenté d'une manière moins passionnée, moins agressive, mais aussi arbitraire, aussi dénué de preuves et dont la science sérieuse fait aujourd'hui de moins en moins de cas.

Sans doute l'hypothèse évolutionniste sainement comprise et commençant seulement avec les premiers organismes ne gêne pas plus le catholique que le rationaliste spiritualiste. Mais quand notre auteur fait dire à un professeur d'université catholique que l'âme animale est seulement moins développée que l'âme humaine, il prête, involontairement sans doute, sa propre pensée à son interlocuteur. Si peu qu'on soit teinté de philosophie traditionnelle et qu'on ait observé sans idée préconçue les mœurs des bêtes, on n'ignore pas que l'âme animale est seulement végétative et sensitive, et que sa connaissance ne dépasse pas la perception sensible et concrète des objets et faits particuliers, qu'elle est empirique, comme l'a si bien montré Leibnitz (1) ; tandis que l'âme humaine, capable d'abstraction et de généralisation, atteint l'universel, faculté essentiellement étrangère en soi à l'ordre matériel.

Nos adversaires confondent la connaissance purement sensible, les facultés de la sensibilité organique : passions, appétits, instincts, imagination passive, mémoire sensitive, avec les facultés intellectuelles ; et c'est cette confusion, cette méprise qui, appuyée sur les préjugés matérialistes, vicie toute leur thèse.

(1) *Nouveaux essais sur l'entendement humain*, publiés par M. Paul Janet, p. 11.

CHAPITRE V

LA VRAIE NATURE DU MOI. INSUFFISANCE DE L' « ALTRUISME »

Sur de telles données, quelle valeur peut avoir une *Introduction à l'étude de l'Homme social* (1) ? Quoi de commun entre ce groupement, d'ailleurs très incertain et quelque peu arbitraire, des organismes en cellules isolées ou *plastides*, ou associées en *mérides*, *zoïdes* et *dèmes*, et les facultés particulières qui font de l'Homme un être social ? Qu'est-ce que cette prétendue famille animale reposant sur un *Moi* dont le germe devrait se trouver dans la simple plastide par cela seul que, constituant à elle seule un organisme, elle est individuelle ; qui dans les êtres un peu plus élevés commencerait à se déterminer par la sensibilité, puis s'élèverait jusqu'à la pensée dès que l'évolution aurait donné naissance, chez les Vertébrés, aux hémisphères cérébraux ?

Le *Moi*, la personnalité n'existe, ne peut exister qu'avec la conscience, et la conscience réfléchie, s'observant elle-même, la *conscience consciente*, celle qui se sait pensante et agissante ; et pour se savoir penser, pour penser en un mot, il faut pouvoir s'élever au-dessus du particulier et du concret, au-dessus des sens et des images. Notre auteur, qui accorde la pensée aux animaux, tout au moins à

(2) Titre de la « Seconde Partie » de *L'Anthropologie et la science sociale*.

ceux qui sont pourvus d'hémisphères cérébraux, c'est-à-dire aux Vertébrés, et qui leur attribue le fameux enthymène de Descartes : *Je pense, donc je suis*, ne néglige-t-il pas la distinction essentielle, fondamentale, entre l'*image* et l'*idée ?* Penser, c'est, à l'aide des images particulières, s'élever par l'abstraction au général, à l'universel. Mais former ou recevoir, dans les lobes ou les circonvolutions du cerveau, des images diverses, associer ces images par voie de consécution ou par la mémoire, ce n'est point là *penser ;* tout au plus cela pourrait-il s'appeler *imaginer ;* il serait même plus exact de dire, si l'expression était admise, que c'est *imager*, car le mot *imaginer* suppose une faculté d'invention qui, pour s'associer à l'imagination sensitive, relève de l'intelligence.

Nous avons suffisamment démontré, naguère (1), cette différence irréductible entre la sensibilité et l'in-

(1) *L'Instinct, la connaissance et la raison*, mémoire lu au Congrès scientifique international des catholiques tenu à Paris en avril 1891, section de philosophie, et reproduit par la *Rev. des Quest. scient.* d'octobre 1891.

Des facultés différentielles de l'Homme et des animaux, notes de psychologie comparée, dans la *Science catholique*, 15 mars 1892.

L'Homme et l'Animal, mémoire lu au Congrès scientifique international des catholiques, tenu à Bruxelles en septembre 1894, section d'anthropologie, partiellement reproduit par la *Revue Thomiste* de mai 1895.

De l'évolution progressive de la connaissance depuis les organismes primaires jusqu'à l'Homme, mémoire lu au Congrès scientifique international des catholiques tenu à Fribourg (Suisse) en août 1897, section d'anthropologie, et reproduit par la *Rev. des Quest. scient.* de janvier 1898.

La bête et l'Homme ou la connaisance par les sens et la connaissance par l'esprit. In-8° de 107 p., 1898, Paris, Bloud et Barral.

L'animal raisonnable et l'animal tout court. Étude de psychologie comparée. In-12 de 64 p. 1898, Paris, Bloud et Barral.

telligence, entre l'imagination et la raison, pour qu'il y ait lieu de nous y attarder aujourd'hui. Notre honorable contradicteur a comme une vague notion de cette irréductibilité, lorsqu'il s'écrie que l'Homme seul sait qu'il pense : s'il est seul à le savoir, c'est qu'il est seul à penser comme nous l'avons déjà fait observer.

Ne voyant rien au-dessus de la nature animale, notre anthropologiste n'est point illogique en rapportant tous les mobiles de l'activité humaine aux deux seuls facteurs qu'il appelle l'*égoïsme* et l'*altruisme*, le second ne différant du premier que quant au mode d'action. Mais pour se renfermer dans cette zone étroite, il laisse de côté un fait social considérable, il n'en tient aucun compte, c'est pour lui chose non avenue : nous voulons parler du dévouement désintéressé et de l'esprit de sacrifice raisonnés, consentis à l'avance, mûrement délibérés. Le spectacle de ces hautes vertus poussées souvent jusqu'à l'héroïsme nous est donné dans tous les pays, et c'est surtout le Christianisme qui, directement ou indirectement, en a produit ou inspiré, en produit ou en inspire tous les jours, les plus nombreux et les plus beaux exemples. De tels faits n'ont pas leur explication dans l'*altruisme*, cet égoïsme déguisé, et ce n'est point dans les instincts de l'animalité, si perfectionnés que, pour les besoins d'une cause, on les suppose, qu'on en trouvera jamais le point de départ.

Comment, d'ailleurs, ce que l'on veut appeler « la famille animale » pourrait-il être donné comme le type et le modèle de la famille humaine, alors que, chez les plus élevés dans l'embranchement des Vertébrés, les Oiseaux et les Mammifères, les jeunes, à peine arrivés à l'âge adulte, ne connaissent plus leurs parents, le fait n'est point contesté, et n'en sont plus connus ?

Passons sur une foule de considérations réalistes concernant les unions sexuelles ; elles n'ont de valeur que dans cette donnée aussi fausse que gratuite et qui est comme la base irréductible, la donnée fondamentale de l'Ecole : l'origine et la nature purement animales de l'homme. Il en est de même des sociétés et groupements constatés chez certaines espèces animales et qui, uniformes dans chaque espèce, n'offrent ni les variétés, ni la variabilité incessante des sociétés humaines.

Les caractères par lesquels l'auteur établit la différence qui sépare l'Homme des animaux les plus rapprochés de sa conformation sont exacts, mais ont, au moins quelques-uns, une nature, une origine et une portée tout autres que celles qu'il leur attribue.

Rien à opposer aux caractères physiques : station verticale parfaite et développement plus grand, tant en volume qu'en circonvolutions de l'écorce de l'encéphale. Et quant à l'usage de la parole et à la possession de la raison, ce sont assurément deux caractères essentiellement distinctifs de l'humanité ; mais qualifier ces deux caractères de *physiologiques*, sans distinction aucune en ce qui concerne la parole articulée dont le caractère organique est subordonné au caractère rationnel, c'est vraiment compter un peu trop sur la simplicité et la crédulité du lecteur.

Parce que les instincts, la connaissance sensitive, l'imagination, les associations d'images sont plus développés chez les organismes plus parfaits que chez les organismes inférieurs, et parce que ce développement est généralement proportionnel au développement organique lui-même, conclure que la raison et la parole articulée, qui en est la conséquence, sont des phénomènes physiologiques, c'est montrer — et cette observation s'adresse à toute l'école matérialiste — qu'on n'a jamais réfléchi sérieusement sur le fait de l'intelligence, de la raison, des facultés intellectuelles, considérées intrinsèquement, en soi, dans leur nature. Que la bonne conformation et le bon fonctionnement des organes cérébraux, sièges des facultés sensitives, soient la *condition* nécessaire du fonctionnement chez l'Homme de l'intelligence et de la raison, personne ne le conteste aujourd'hui ; et le tort de l'école cartésienne a été de ne pas tenir suffisamment compte de ce facteur important.

Mais la condition d'un fait n'en est pas la cause, lorsque surtout ce fait revêt une nature incompatible avec la nature de cette condition. Si je vaporise de l'eau dans une chaudière ouverte, la vapeur s'échappera dans l'atmosphère sans produire de travail utile ; mais si je ferme la chaudière par un piston mobile avec soupape de dégagement, la vapeur actionnera le piston. Ici c'est la vapeur qui est *cause* et la machine qui est *condition* du travail. La machine toute seule et sans le concours de la vapeur ne produira jamais rien et la vapeur, qui a toujours existé dans l'univers, n'a produit du travail utile au gré de l'homme que depuis la découverte de Denis Papin. Dire que la raison est un produit physiologique du cerveau, c'est comme si l'on disait que la force et le mouvement développés par une locomotive sont un produit métallurgique, parce que la locomotive est en métal.

Quant à la parole, au langage articulé, elle est l'expression des idées conçues, élaborées par l'intelligence et la raison et abstraites par elles des images formées dans le cerveau. Si l'animal ne parle pas, c'est moins par le défaut d'organes appropriés à la parole que par l'absence de pensée, par l'absence d'idée ; car le perroquet émet des sons articulés, mais qui pour lui n'ont aucun sens et ne sont chez lui qu'un simple écho. C'est fort gratuitement que l'on énonce le « besoin de parler » des Singes et leur « esprit d'examen », car on n'en donne aucune preuve; mais cela fait transition avec l'acquisition « à force d'efforts » par l'un de ces animaux du « langage articulé qui aide à fixer les souvenirs et les idées, etc. ». Et c'est là l'un des plus forts arguments pour nous prouver que l'Homme n'est qu'un Singe perfectionné.

Il est vrai qu'entre l'Anthropoïde inconnu dont nous descendons (peut-être un Gibbon beaucoup plus grand que le Gibbon actuel) et l'Homme préhistorique, il a existé un intermédiaire, l'Homme primitif qui toutefois n'a, au rebours de son successeur immédiat, laissé aucune trace ni aucun descendant direct. Mais comme son existence est nécessaire à la théorie, l'Ecole n'élève pas à ce sujet le moindre doute.

Si l'évolution a fait d'un Gibbon ou de quelqu'autre anthropoïde un Homme primitif, puis du Primitif l'Homme préhistorique, puis de celui-ci, à travers de lents progrès, l'Homme civilisé, elle agit aussi par régression, tendant à ramener certaines races vers l'animalité d'où elles sont sorties. Tel serait le cas des races dégradées et sauvages. Il est vraiment dommage que les Esquimaux soient restés des hommes; car ils sont depuis nombre de générations dans les conditions extérieures qui rendent les animaux hibernants, et s'ils redevenaient des animaux hibernants, quel triomphe pour la théorie !... Seulement ils restent des êtres humains, peu développés intellectuellement il est vrai, en raison des dures conditions de leur vie matérielle, mais après tout doués d'intelligence et de raison, facultés d'ordre immatériel. Et voilà pourquoi ils ne sont pas devenus et ne deviendront jamais des « animaux », hibernants ou non.

Reviendrons-nous sur le militarisme, ne différant, chez l'Homme, du soi-disant « militarisme animal » que parce qu'il serait pire ? Sur l'origine de l'esprit philosophique comme de la religion dans une sorte de superstition intellectuelle nécessairement opposée à la science? Sur les interprétations des anciennes philosophies et le travestissement de l'histoire et des origines du Christianisme ?

A quoi bon? Tout l'édifice théorique de l'honorable M. Topinard, comme de toute l'école matérialiste, repose sur une négation posée *a priori* : la négation de tout fait, de toute réalité, de toute substance qui ne tombe pas sous la perception directe des sens, restreignant arbitrairement le domaine de la raison, refusant à celle-ci tout droit d'investigation immédiate, et ne voyant dans ses actes d'observation intérieure, dans ses intuitions de l'évidence, que des créations subjectives de l'imagination. Réduisant ainsi le champ de la raison et de l'expérience ; tournant le dos de parti pris à tout un ordre de phénomènes auxquels se rattache la partie la plus noble et la plus élevée de la nature humaine ; confondant, en un même soi-disant inconnaissable, les notions naturelles de l'ordre spirituel et celles si profondément différentes de l'ordre préternaturel ; l'école à laquelle appartient notre auteur est fatalement condamnée à ne voir jamais qu'un seul côté des choses, le côté terre à terre, étroit, sans grandeur. La conduite et la direction des hommes sont ainsi réglées ou déterminées sans autres mobiles que l'intérêt égoïste soit direct, soit déguisé sous l'appellation barbare d'*altruisme*. Par là même une vaste catégorie de faits soit individuels soit sociaux, mais étrangers à l'intérêt égoïste, échappent à cette école ou sont pour elle sans aucune signification. Les vertus militaires d'abnégation, d'endurance, de dévouement, d'oubli de soi-même, du sacrifice accepté de la vie même, sont comptées pour rien, et ce qu'on appelle dédaigneusement le « militarisme » est ravalé au-dessous des instincts carnassiers de la brute. De l'amour désintéressé du bien (1), du beau et du vrai, il ne saurait être question ; et la pensée philosophique n'est plus qu'une amusette de l'esprit humain comme la religion un effet de la peur chez les uns, un moyen de domination chez les autres ; l'action civilisatrice du Christianisme, lettre morte ; l'héroïsme des martyrs endurant les supplices et la mort pour ne pas renier leur foi, lettre morte ; les innombrables formes du dévouement non plus de l' « altruisme » mais de la *charité* désintéressée, qui se multiplient en tous temps, en tous lieux, en tous climats, lettre morte.

Comment en serait-il autrement avec cette donnée, sur laquelle notre auteur appuie et revient sans cesse et avec une prédilection qui cherche à tout propos à s'affirmer, que l'Homme n'est qu'un animal, n'a d'autres facultés que des facultés d'origine physiologique et anatomique, plus développées chez lui que chez les autres Vertébrés ? Assurément « l'Homme accepté par la Philosophie classique et la religion est en complète contradiction » avec l'Homme tel que se le représente la donnée matérialiste ; mais c'est à son

(1) Nous avons donné plus haut la conception que M. Topinard se fait du bien : « C'est, dit-il, ce qui procure directement ou indirectement à l'individu un plaisir ou une série de plaisirs, soit corporels, soit cérébraux » (p. 354). Quant au Bien idéal, souverain, consistant dans la perfection de l'être tendant à sa véritable fin, notre auteur ne peut pas en avoir la notion, puisqu'il rapporte tout au temps, à la matière et au fini.

honneur, et si ses aspirations prétendues « subjectives » sont en contradiction avec la science, c'est sans doute avec la science entendue dans le sens des théories de notre honorable contradicteur, mais non point avec la Science prise abstractivement et en elle-même ; et la « Nature » que l'Homme par son intelligence a su soumettre à son empire, ne « se rit » pas « de ses conceptions ».

CHAPITRE VI

INSUFFISANCE DE LA DOCTRINE MATÉRIALISTE MALGRÉ QUELQUES SAGES PROPOSITIONS

Il ne nous reste plus beaucoup à dire sur l'ouvrage que nous avons pris pour type des doctrines matérialistes sincères, bien que nous soyons loin d'avoir signalé toutes les questions qui y sont agitées, tous les problèmes qui y sont soulevés. Mais subordonnant toujours tout à son faux point de départ, et y revenant constamment, l'auteur se place sur un terrain tel que nous ne pourrions désormais le combattre sans de perpétuelles redites.

Toutefois, comme le point de vue *utilitaire* qu'il déclare être le sien n'est pas faux en soi, qu'il est même bon et vrai intrinsèquement, à la condition cependant d'être complété et primé par un point de vue étranger aux visées de l'écrivain, il se trouve souvent que, par la droiture naturelle de son caractère et la portée de son esprit, celui-ci est amené à rencontrer parfois la vérité. Nous allons en donner quelques exemples.

Il émet ainsi une opinion fort sage en estimant, comme on a eu déjà occasion de le signaler, qu'il faut voir, dans les races sauvages de nos jours, des exemples de ce qu'il appelle l'évolution régressive, c'est-à-dire des cas de dégénérescence, plutôt que des descendants directs et inaltérés des types primitifs. Il est vrai qu'il ajoute aussitôt et, comme d'habitude, sans preuve à l'appui, cette affirmation, qu'*il est certain* que les phases de l'évolution régressive reproduisent celle de l'évolution progressive ; et cela ne laisse pas que de diminuer quelque peu la valeur de la déclaration précédente (1).

Mieux fondés sont certains développements relatifs au mariage. Il combat la polygamie en montrant ses multiples inconvénients, sa non-utilité quant à l'accroissement de la population. Il veut que l'union de l'homme et de la femme soit chose sacrée constituant un contrat indissoluble, et juge peu heureux les résultats du rétablissement du divorce (2).

Plus loin il trace un tableau aussi douloureux qu'exact de la plaie qu'était l'esclavage dans l'antiquité (3) ; il eût du reste fait preuve d'impartialité éclairée en constatant que c'est à l'action lente mais continue du christianisme qu'on doit d'abord l'atténuation de cette plaie et de cette honte, puis sa disparition, et que là où elle existe encore, c'est au sein de sociétés non chrétiennes.

Il ne condamne pas, pour autant, dans les sociétés civilisées, l'existence de diverses classes, pourvu, observe-t-il avec raison, qu'elles soient largement ouvertes et la conséquence de la conduite « des indi-

(1) *L'Anthropologie*, p. 175.
(2) *Loc. cit.*, p. 194, 196.
(3) *Ibid.*, p. 208.

vidus exclusivement responsables de leurs actes » (1), autrement dit, des plus capables et des plus dignes dans chacune des branches de l'activité humaine. En ces conditions, les classes sociales sont, dit-il, dans la logique des choses. Excellents également sont, à son estime, les groupes ou corporations au sein des classes, à la condition d'être ouverts, sans entraves, laissant à chacun la liberté d'en faire partie ou non ; mais, fermés et tyraniques à leur intérieur, ils sont un obstacle au progrès (2).

On ne peut qu'applaudir à de telles appréciations.

Notre auteur ne paraît pas féru outre mesure des fameux droits de l'homme. Il trouve que dans la pratique sociale il est inutile de parler de droits, parce que ces droits étant « à l'état de nature illimités », l'individu oublierait volontiers qu'il vit en société et serait porté à les étendre indéfiniment. Au contraire, « il faut toujours parler des devoirs » (3).

On peut discuter sur la valeur théorique de ces assertions ; mais on doit reconnaître que, pratiquement, elles sont fort sages.

L'égalité sociale, consistant en un nivellement absolu et universel, est traitée avec raison d'utopie irréalisable et contre nature (4), de même que cette autre prétention de régler les salaires non suivant les œuvres de chacun, mais suivant ses besoins. Pas de société possible en de telles conditions (5).

L'auteur trace plus loin, à propos de l'éducation morale à donner aux jeunes enfants, une série de

(1) *Loc. cit.*, p. 215
(2) *Ibid.*, p. 216.
(3) *Ibid.*, p. 343.
(4) *Ibid.*, p. 349.
(5) *Ibid.*, p. 367

préceptes, la plupart excellents (1), et auxquels il n'y aurait que quelques retouches à apporter pour les rendre parfaitement évangéliques. Mais, soit dit en passant, s'imagine-t-on que le fameux « altruisme » animal les eût jamais inventés?

Arrêtons ici ces exemples. On en pourrait trouver beaucoup d'autres. Ils prouvent que les vues pratiques de ce matérialiste sincère et convaincu qu'est l'honorable Dr Topinard et en qui se résume ce qu'il y a de moins inacceptable dans la doctrine de son Ecole, valent mieux que ses théories. Celles-ci partent d'une donnée incomplète : en voulant, de parti-pris, ne voir dans l'homme qu'un organisme et rien de plus, on se condamne à tout rapetisser en lui, à chercher là où elles ne sont pas les causes de sa grandeur et de sa supériorité. Quoi qu'on puisse dire et quelques systèmes que l'on puisse édifier, on n'étouffera pas ces aspirations de l'âme humaine vers quelque chose de plus vaste et de plus complet que ce monde matériel qui l'étreint, vers un bien plus réel et plus durable que de vaines jouissances corporelles ou cérébrales. Et il n'est pas sûr que plus d'un apôtre des décevantes doctrines du matérialisme ne fasse pas de temps à autre, en son for intérieur, la réflexion mélancolique qu'un poète contemporain a traduite en ces beaux vers :

... Malgré moi l'infini me tourmente.
Je n'y saurais songer sans crainte et sans espoir ;
Et, quoi qu'on en ait dit, ma raison s'épouvante
De ne pas le comprendre et pourtant de le voir (2).

(1) *Loc. cit.*, p. 457.
(2) Alfred de Musset, *L'Espoir en Dieu*.

TABLE DES MATIÈRES

PREMIÈRE PARTIE.

Exposé.

DEUXIÈME PARTIE

Réfutation

FIN DE LA TABLE.

Imprimerie BUSSIÈRE. — Saint-Amand (Cher).

www.ingramcontent.com/pod-product-compliance
Lightning Source LLC
LaVergne TN
LVHW010032230826
846091LV00005B/1667